SOCIOLOGIA DA EDUCAÇÃO

Dados Internacionais de Catalogação na Publicação (CIP)

S729s Souza, Renato Antonio de.

    Sociologia da educação / [Renato Antonio de Souza]. – São Paulo, SP : Cengage, 2017.
    92 p. : il. ; 26 cm.

    Inclui bibliografia.
    ISBN 978-85-221-2692-7

    1. Sociologia educacional. 2. Antropologia educacional. 3. Educação – História. I. Título.

CDU 37.015.4   CDD 370.19

Índice para catálogo sistemático:

1. Sociologia educacional   37.015.4

(Bibliotecária responsável: Sabrina Leal Araujo – CRB 10/1507)

SOCIOLOGIA DA EDUCAÇÃO

Renato Antonio de Souza

Austrália • Brasil • Japão • Coreia • México • Cingapura • Espanha • Reino Unido • Estados Unidos

Sociologia da educação

Renato Antonio de Souza

Gerente editorial: Noelma Brocanelli

Editoras de desenvolvimento: Gisela Carnicelli, Regina Plascak e Salete Del Guerra

Coordenadora e editora de aquisições: Guacira Simonelli

Especialista em direitos autorais: Jenis Oh

Produção editorial: Sheila Fabre

Copidesque: Sirlene M. Sales

Revisão: Renata Truyts, Eduardo Kobayashi e Nelson Barbosa

Diagramação: Alfredo Carracedo Castillo

Capa: BuonoDisegno

Imagem da capa: Igor Kisselev/Shutterstock

Imagens usadas neste livro por ordem de páginas:
Oleksiy Mark/Shutterstock; Chubykin Arkady/Shutterstock; Cherries/Shutterstock; Suzanne Tucker/Shutterstock; Jorg Hackemann/Shutterstock; Oleksiy Mark/Shutterstock; Renata Sedmakova/Shutterstock; Linda Bucklin/Shutterstock; Leremy/Shutterstock; ChameleonsEye/Shutterstock; Andrew Roland/Shutterstock; Niels Hariot/Shutterstock; bikeriderlondon/Shutterstock; Pressmaster/Shutterstock; Oleg Golovnev/Shutterstock; Alexandru Nika/Shutterstock; Benjamin Haas/Shutterstock; antoniodiaz/Shutterstock; Monkey Business Images/Shutterstock; Alena Hovorkova/Shutterstock; bikeriderlondon/Shutterstock; Syda Productions/Shutterstock; Pressmaster/Shutterstock; Twin Design/Shutterstock

© 2018 Cengage Learning Edições Ltda.

Todos os direitos reservados. Nenhuma parte deste livro poderá ser reproduzida, sejam quais forem os meios empregados, sem a permissão por escrito da Editora. Aos infratores aplicam-se as sanções previstas nos artigos 102, 104, 106, 107 da Lei nº 9.610, de 19 de fevereiro de 1998.

Esta editora empenhou-se em contatar os responsáveis pelos direitos autorais de todas as imagens e de outros materiais utilizados neste livro. Se porventura for constatada a omissão involuntária na identificação de algum deles, dispomo-nos a efetuar, futuramente, os possíveis acertos.

Esta editora não se responsabiliza pelo funcionamento dos links contidos neste livro que possam estar suspensos.

> Para permissão de uso de material desta obra, envie seu pedido para
> **direitosautorais@cengage.com**

© 2018 Cengage Learning Edições Ltda.
Todos os direitos reservados.

ISBN 13: 978-85-221-2692-7
ISBN 10: 85-221-2692-5

Cengage Learning Edições Ltda.
Condomínio E-Business Park
Rua Werner Siemens, 111 - Prédio 11
Torre A - Conjunto 12
Lapa de Baixo - CEP 05069-900 - São Paulo - SP
Tel.: (11) 3665-9900   Fax: 3665-9901
SAC: 0800 11 19 39

Para suas soluções de curso e aprendizado, visite
www.cengage.com.br

Apresentação

Um conteúdo objetivo, conciso, didático e que atenda às expectativas de quem leva a vida em constante movimento: este parece ser o sonho de todo leitor que enxerga o estudo como fonte inesgotável de conhecimento.

Pensando na imensa necessidade de atender o desejo desse exigente leitor é que foi criado este produto voltado para os anseios de quem busca informação e conhecimento com o dinamismo dos dias atuais.

Em cada capítulo deste livro é possível encontrar a abordagem de temas de forma abrangente, associada a uma leitura agradável e organizada, visando facilitar o aprendizado dos conteúdos.

A linguagem dialógica aproxima o estudante dos temas explorados, promovendo a interação com o assunto tratado.

Ao longo do conteúdo, o leitor terá acesso a recursos inovadores, como os tópicos **Atenção!**, que o alerta para a importância do assunto abordado, e o **Para saber mais!**, que apresenta dicas interessantíssimas de leitura complementar e curiosidades bem bacanas, para aprofundar a apreensão do assunto, além de recursos ilustrativos, que permitem a associação de cada ponto a ser estudado. O livro possui termos-chave e glossário para expandir o vocabulário do leitor.

Esperamos que você encontre neste livro a materialização de um desejo: o alcance do conhecimento de maneira objetiva, concisa, didática e eficaz.

Boa leitura!

Prefácio

Desde o surgimento das primeiras sociedades, ao homem se impôs a necessidade de estudá-las em suas diversas vertentes. Advém daí a importância da sociologia no contexto atual.

A sociologia acompanha o registro das atividades, a observação da evolução das ações humanas e os passos dados pelos indivíduos, para compreender os porquês das divergências sociais. Em contrapartida, temos a educação, meio utilizado para instruir o homem, fornecendo a ele plenas condições de se inserir e evoluir na sociedade em que vive.

A junção da ciência e do método é estudada neste material, de modo simples e abrangente. No Capítulo 1, o leitor encontrará os conceitos básicos de sociedade e educação e entenderá um pouco mais sobre fato social, educação contemporânea e educação social. No Capítulo 2, a antropologia fará parte do estudo e dos conceitos basilares da sociologia da educação, ajudando a compreender o tema central do conteúdo deste material. No Capítulo 3 há uma retomada dos tempos atuais para tratar da educação contemporânea, analisando o modelo de educação hoje praticado. No Capítulo 4, o autor dará uma visão geral sobre os temas educação formal, não formal, informal e seus aspectos biossociais.

Boa leitura!

Sumário

CAPÍTULO 1 – Conceitos gerais

1. Sociologia, 12
2. Fato social, 12
3. Educação, 17
4. A educação contemporânea, 20
5. Sociologia da educação, 22
6. Relação entre sociologia e educação, 24
7. Educação social, 25
8. Democracia para a educação, 28

Glossário, 32

CAPÍTULO 2 – Antropologia da educação

1. Antropologia, 36
2. Antropologia da educação, 41
3. O homem como educador, 45

Glossário, 51

CAPÍTULO 3 – Conceito educacional contemporâneo

1. Breve relato histórico da educação, 54
2. Educação na contemporaneidade, 55
3. Modelos de educação, 60

Glossário, 69

CAPÍTULO 4 – Educação formal, não formal, informal e seus aspectos biossociais

1. Educação formal e não formal, 72
2. Aspectos biossociais da educação, 83

Glossário, 87

Referências bibliográficas, 88

CAPÍTULO 1
CONCEITOS GERAIS

1. Sociologia, 12

2. Fato social, 12

3. Educação, 17

4. A educação contemporânea, 20

5. Sociologia da educação, 22

6. Relação entre sociologia e educação, 24

7. Educação social, 25

8. Democracia para a educação, 28

Glossário, 32

1. Sociologia

A **sociologia** é uma ciência que estuda os fatos sociais, com a finalidade de explicar a **sociedade** e viabilizar a resolução de problemas da vida social. Explicitado de outro modo, entende-se sociologia como a ciência que estuda as relações sociais e as formas de associação ou de agrupamento social. Vale destacar que existem comportamentos estritamente individuais, como andar e dormir, que são objeto de estudo das ciências biológicas. Por outro lado, há comportamentos essencialmente sociais, como educar filhos, vestir-se, participar de reuniões, casar-se, comemorar aniversários, estudar, entre muitos outros presentes no cotidiano. Sobre os comportamentos sociais, devemos considerar que, ao longo da história, o homem tem organizado a sua vida inserido em grupos e é por meio dessa socialização que o indivíduo integra-se ao meio em que nasceu e assimila o conjunto de hábitos, regras e costumes. Trata-se da capacidade natural do homem para viver em sociedade, e ela desenvolve-se pelo processo de socialização. Oliveira (2004) relata um caso de duas meninas que foram encontradas na Índia, em 1921, vivendo em uma caverna, na companhia de lobos. Segundo o autor, elas apresentavam hábitos alimentares muito próximos aos dos animais – consequentemente, diferentes dos humanos – e, além disso, tinham dificuldade para estabelecer contato com as pessoas, preferindo o convívio junto a animais. Isso enfatiza a importância da socialização na vida do ser humano.

Auguste Comte (1798-1857) é considerado o pai da sociologia, mas foi Émile Durkheim (1858-1917) quem transformou essa área do conhecimento em ciência, com objeto de estudo e métodos específicos. Entretanto, não podemos deixar de mencionar as contribuições valiosas de Karl Marx, com discussões acerca da luta de classes entre burguesia e proletariado, e de Max Weber, com debates sobre o capitalismo e diálogos com a teoria marxista.

2. Fato social

Fato social é o objeto de estudo da sociologia. Para Durkheim (1987, 1991), consiste em maneiras de agir, de pensar e de sentir, exteriores ao indivíduo, e que exercem poder de coerção sobre ele. É toda ação que possa praticar sobre o indivíduo uma coação.

Esses fatos são construídos na soma das consciências individuais, ou seja, são resultados da coletividade, produtos da vida em sociedade, e sua manifestação é objeto de estudo da sociologia. Vale ressaltar que, embora cada indivíduo possua uma consciência individual, a maneira como ele se comporta e interpreta a vida é resultado de uma consciência coletiva, que pode ser encontrada no interior de determinado grupo ou sociedade. Em resumo, para Durkheim, consciência coletiva é o conjunto de formas padronizadas de condutas e pensamentos de determinada sociedade.

O fato social apresenta as seguintes características:

   a) Coerção social – os fatos sociais exercem coerção sobre os indivíduos e, dessa maneira, fazem que estes se conformem com as regras sociais do espaço onde vivem. Quando o indivíduo tenta rebelar-se contra essas regras, a coerção entra em operação e pode ser de caráter legal ou espontâneo. As sanções legais são aquelas prescritas pela sociedade, em forma de leis tipificadas e materializadas em documentos oficiais, de maneira que, para cada infração cometida, exista uma penalidade correspondente. Como exemplo de sanção legal podemos mencionar que, na sociedade brasileira, é defeso (proibido), por lei, matar alguém. Fazendo-o, o sujeito poderá ser penalizado com reclusão que vai de 6 a 20 anos. Portanto, o Estado (Brasil) elaborou um código de leis formais (Código Penal Brasileiro), que prevê sanções para infrações específicas. Cada Estado possui uma legislação que regula a vida em sociedade e, portanto, cada Estado exerce um poder de coação sobre seus cidadãos. Já as sanções espontâneas, ao contrário do exemplo anterior, são aquelas não tipificadas em leis e afins. Elas correspondem a comportamentos e condutas socialmente não aceitos em determinados contextos. Como exemplo de sanção espontânea, podemos mencionar uma ofensa a alguém de determinado **grupo social**; embora a ofensa não tenha penalidade prevista, o indivíduo que se sentiu ofendido pode reagir espontaneamente à agressão.

   b) Atuação sobre os indivíduos – os fatos sociais atuam sobre os indivíduos independentemente da sua vontade ou adesão, uma vez que são exteriores aos indivíduos.

   c) Generalidade – considera-se um fato como social em razão de sua generalidade; ou seja, um fato social repete-se para todos os indivíduos ou ao menos para a maioria deles, e portanto é de natureza coletiva. Como exemplo, podem-se citar as formas de habitação, de comunicação, de vestimentas, entre tantos outros presentes em nossa sociedade.

Ao tratar de fato social e de sua generalidade, é pertinente aprofundar-se no que diz respeito aos agrupamentos sociais, uma vez que é neles que o fato social se manifesta.

É uma tendência natural do ser humano buscar identificação e similaridades com o outro, e quando isso acontece, estabelece-se um vínculo social entre esses indivíduos. A partir dessas associações caracterizadas por uma identidade compartilhada, e com o estabelecimento de várias associações, originam-se os grupos sociais.

Conclui-se, portanto, que grupo social é uma associação entre seres humanos em que há relações estáveis entre os membros do grupo, com interesses e objetivos comuns entre eles. A família é uma dessas associações, pois, ao nascer, já estabelecemos um vínculo com nossos pais. A família é considerada um grupo social primário em razão de seus membros possuírem contato mais íntimo. Posteriormente, o indivíduo passa a pertencer a outros grupos sociais, como a vizinhança, a igreja, a escola, grupos profissionais etc. Do ponto de vista social e biológico, a socialização é condição do humano. Assim, podemos conceituar grupo social como uma forma básica de associação humana, com tradições morais e materiais, cujas características são:

Quadro 1 – Características de grupo social

Característica	Definição
Pluralidade de indivíduos	Coletividade
Interatividade	Comunicação entre os membros do grupo
Organização	Necessidade de ordem interna
Objetividade e exterioridade	A existência do grupo é independente da vontade individual de cada membro e independe da permanência do indivíduo no grupo
Objetivo comum	Ação do grupo para atingir fins comuns
Consciência grupal	Compartilhamento de modos de agir e pensar coletivos
Continuidade	Duração

Fonte: Durkheim (1991).

Essas tradições morais são compreendidas como os valores partilhados entre os membros desse grupo. Vale ressaltar que esses valores são situados em um tempo e espaço, o que os torna suscetíveis a mudanças. Tratando do grupo social família, tomamos como exemplo o divórcio no Brasil. Até 1977, o divórcio era proibido, de maneira que, com o casamento, estabelecia-se um vínculo jurídico para a vida toda. A Lei do Divórcio, instituída em 1977[1], concedeu a possibilidade aos indivíduos de se separarem e casarem novamente. Em resumo, percebemos, então, que o tempo e o espaço contribuem para a dinâmica dos valores de grupos sociais.

---

1 Lei nº 6.515, de 26 de dezembro de 1977, regula os casos de dissolução da sociedade conjugal e do casamento, seus efeitos e respectivos processos, e dá outras providências.

> *PARA SABER MAIS!* Recomendamos a leitura de um artigo que trata de costumes da cidade de São Paulo, disponível em: <http://www2.uol.com.br/historiaviva/reportagens/a_morte_do_bonde.html>. Acesso em: 9 fev. 2015.

As tradições materiais, por sua vez, referem-se aos costumes materiais dos grupos sociais. Por exemplo, na década de 1930, na cidade de São Paulo, as famílias que dependiam de transporte público usavam o bonde; atualmente, elas utilizam ônibus, metrô, trem etc.

Atualmente, é comum famílias usarem metrô como meio de transporte.

> *ATENÇÃO!* Uma característica importante de grupo social é a interação de seus membros.

É importante enfatizar as características de um grupo social. Tomemos como exemplo as pessoas em uma fila de banco para pagar contas. Percebemos que há uma característica comum entre essas pessoas: estar em uma agência bancária para pagar contas. Entretanto, devido à falta de interação entre seus membros, esse grupo não pode ser chamado de grupo social. Para que um grupo seja considerado social, na acepção em que discutimos neste curso, é preciso que haja interação entre seus membros e uma consciência de grupo em relação à forma de agir, de pensar e de sentir.

Para apresentar o conceito de grupo social foi apresentada a família, então classificada em um grupo social primário. Existem, também, grupos sociais considerados secundários. Esses grupos diferem-se do primeiro apenas em relação ao grau de intimidade de seus membros: no grupo secundário não há uma relação de intimidade tão grande quanto se constata no grupo primário (na família), por exemplo. São exemplos de grupos secundários as associações religiosas (igreja) e as associações político-partidárias. Nesses grupos há percepção de identidade e consciência de grupo entre os membros, assim como há interação entre eles. Outrossim, o grau de intimidade entre esses participantes é diferente se comparado, por exemplo, ao do grupo considerado primário.

Os grupos sociais considerados intermediários são aqueles em que a interação ocorre de modo alternado e complementar, ora com intimidade, ora com mais formalidade, como acontece na escola. Segue, no Quadro 2, um resumo dos principais tipos de grupos sociais existentes:

Quadro 2 – Principais tipos de grupos sociais

Principais tipos de grupos sociais	
Grupo familiar	Família
Grupo vicinal	Vizinho
Grupo educativo	Escola
Grupo religioso	Igreja
Grupo de lazer	Clube
Grupo profissional	Empresa
Grupo político	Estado, partido político

Fonte: Oliveira (2004).

Esses grupos sociais são mantidos em razão de forças que existem na sociedade identificadas como liderança, normas, sanções, valores e **símbolos sociais** (OLIVEIRA, 2004). A liderança recai sobre o líder do grupo social e corresponde à ação que esse líder exerce perante o grupo, como o pai (líder da família), o padre (líder da Igreja Católica), o professor (líder da sala de aula) e o gerente financeiro (líder de uma empresa). Essa liderança pode ser de caráter pessoal ou institucional. Em caso de liderança pessoal, a autoridade é conferida em razão das qualidades pessoais do líder (conhecimento, persuasão/comunicação). O pai, por exemplo, exerce uma liderança pessoal. Já a liderança institucional está relacionada à posição social que o líder ocupa em determinada instituição. As normas dizem respeito às regras de conduta que orientam o comportamento e as atitudes de determinada sociedade, a fim de possibilitar o convívio social.

Já as **sanções sociais** são punições impostas ou recompensas oferecidas aos membros de um grupo social diante de comportamentos praticados. Essas sanções podem ser reprovativas, no caso de não aprovação de um comportamento de algum membro do grupo, como em caso de assassinato, insulto etc. Quando se trata de máximas morais, a consciência pública repudia os atos que ofendem a coletividade e pune o membro com as penas de que dispõe. Quando a conduta praticada é menos violenta, que é o caso de o membro não se submeter às convenções do grupo, como o modo de se vestir, um riso provocado ou o olhar lançado sobre o indivíduo funcionam como uma pena, embora de maneira mais atenuada, pois a coerção, mesmo sendo indireta, continua sendo eficaz. As sanções serão aprovativas em caso de aceitação de um comportamento de algum membro do grupo. Nesse caso, tal comportamento deve ser alinhado com a maneira de pensar e agir desse grupo do qual o membro faz parte. Os **valores sociais** correspondem a um conjunto de crenças e comportamentos que organizam a vivência coletiva. São as regras de convivência social. Essas regras são dinâmicas e, portanto, variam no tempo e no espaço. Por exemplo, o papel social que era atribuído às mulheres no século XX, no Brasil (tempo e espaço, respectivamente), difere muito do que é atribuído atualmente, o que significa que as crenças em relação à mulher mudaram bastante do século XX até os dias de hoje. Por fim, os símbolos sociais dizem respeito a um sistema de significação que regula e orienta a vida social e nos impulsiona a agir e nos organizar. Um exemplo típico de simbologia social é a linguagem, composta de um conjunto de símbolos verbais e não verbais. Há inúmeros outros símbolos em nossa sociedade, como os sinais de trânsito, uma aliança, um crucifixo etc. Esses símbolos precisam ser interpretados/significados pelos indivíduos para que, finalmente, possa-se agir.

Para concluir esta seção, vale relembrar que foi abordado o grupo escolar como um dos grupos sociais existentes em nossa sociedade. A **Sociologia da Educação** recai exatamente sobre esse agrupamento social. Assim, na próxima seção apresentaremos os conceitos gerais de educação e sua finalidade.

3. Educação

A **educação** é uma das atividades mais elementares de toda a história humana, pelo fato de a sobrevivência dos seres humanos estar relacionada à transmissão de uma herança cultural de uma sociedade. Dessa maneira, as sociedades se utilizam de mecanismos para perpetuar sua herança cultural por meio dos jovens.

A palavra educação é muitas vezes utilizada em sentido amplo para designar um conjunto de influências exercidas sobre nossa inteligência e vontade, que resulta na nossa formação intelectual. Entretanto, para conceituarmos essa área do conhecimento é necessário abordar a finalidade da educação ao longo dos tempos.

A educação tem papel fundamental nas sociedades.

A destinação da ação educativa é desenvolver todas as faculdades humanas. Entretanto, de certa maneira, estamos tratando de uma questão que está mais no âmbito do desejo que do realizável, pois há uma série de fatores que incentivam o desenvolvimento e a construção dessas faculdades. Um desses fatores refere-se à postura adotada por muitas instituições de ensino, que estabelecem como meta preparar alunos para responder questionários em provas e concursos, visando assim promover-se no meio social.

Por ora, foquemos no conceito de educação. O conceito e a concepção de educar têm variado muito no tempo e no espaço. Durkheim (1975) afirmava que, por exemplo, nas cidades gregas e latinas ensinava-se o indivíduo a ser subordinado à coletividade, isto é, a como ser um escravo da sociedade.

O sociólogo declarava ainda que em Atenas buscava-se formar indivíduos capazes de apreciar as artes, mas sem desprezar o corpo (havia um equilíbrio entre o corpo e a alma na formação dos sujeitos), enquanto em Roma o objetivo da educação era o de formar homens fortes, militares – indiferentes, todavia, às artes e às letras.

Já na Idade Média, segundo Durkhein, a educação era focada no cristianismo e as dificuldades de aprendizagem das crianças eram vistas como desvio de caráter e de conduta e, em razão disso, elas deveriam ser castigadas. Mais adiante, no Renascimento, a educação adquire um caráter menos religioso. Isso se deu recentemente, a partir do século XX, quando as crianças adquiriram direitos civis e, consequentemente, proteção legal contra abusos e violências praticadas no seio familiar, na escola e na sociedade de maneira geral. Atualmente, a ciência ocupa uma posição de destaque na educação, posição esta que outrora era ocupada pelas artes.

No Brasil quinhentista, a educação também tinha caráter religioso, levada a cabo pelos jesuítas. Já em meados de 1700, o Estado assumiu a responsabilidade pela educação brasileira e proibiu a utilização dos livros daqueles padres. As meninas passaram a ter acesso à educação somente no século seguinte e, no final desse período, as escolas tornaram-se laicas. Aos poucos, a educação passava a migrar para a iniciativa privada. No século XX, em meados da década de 20, surge a Escola Nova, que pressupõe a universalização do ensino laico e público, e inicia o processo de educação para o desenvolvimento do país.

Ainda em relação ao caso brasileiro, na década de 1960, também conhecida como período desenvolvimentista, a educação passou a ter um forte apelo mercantilista, focando a formação do educando nos meios de produção. Adotou-se uma visão reducionista da educação, que deixou de lado a prática social, de desenvolvimento de conhecimentos, habilidades e valores associados para dar lugar às necessidades sociais, com foco no saber fazer (FRIGOTTO, 2010). Além disso, houve o agravante da ditadura militar, com o controle repressivo da sociedade.

Na década seguinte, essas questões foram enfatizadas com redução significativa de investimentos na área da educação. Na década de 1980 houve a hegemonia da política neoliberal no Brasil e foi preciso lutar contra a intensificação da visão mercantil de educação.

Nos anos 1990 houve a consolidação da ideologia neoliberal, segundo a qual a educação deveria sair do âmbito das políticas públicas, por serem estas incompetentes, e inserir-se na lógica de mercado, considerada mais eficiente (JESUS; TORRES, 2009). Nesse período, tentou-se imputar à sociedade a responsabilidade pela educação, enquanto constitucionalmente essa competência pertencia ao Estado.

Nos anos 2000, revisaram-se as metas educacionais, postergando-as, e o crescente processo de globalização nos campos tecnológico e científico impuseram e impõem novas demandas.

Cada sociedade possui um ideal de homem, cujas características intelectuais, físicas e morais norteiam a educação dessa sociedade. Assim, a educação perpetua essa homogeneidade de cidadãos, o que permite que ela exista. É nessa transformação do ser individual em coletivo, nesse ritmo de socialização do indivíduo que se criam as bases da existência da sociedade.

Durkheim (1995) considerava essa homogeneidade relativa, uma vez que nas sociedades cuja característica era e é a divisão do trabalho social existiam muitas profissões e exigências diferentes para o seu exercício e, nesse sentido, era imprescindível uma dose de heterogeneidade.

Diante dessas mudanças constantes, poderíamos questionar se o homem, então, estaria equivocado a respeito da concepção de educação?

Cada sociedade, em determinado momento histórico, dispõe de um sistema educacional que se impõe aos seus membros, como forma de permitir que eles vivam entre seus contemporâneos. Para Durkheim (1975), em cada momento existe uma espécie de "regulador educacional", que não pode ser enfrentado sem encontrar resistência. Esse regulador é fruto da vida em sociedade e, também, resultado de conhecimentos construídos anteriormente, de modo a nos permitir concluir que todo o passado tem contribuído para a edificação de um conjunto de regras que regulam a educação na atualidade.

Como apresentado anteriormente, em cada momento histórico há um modelo de educação, em que se privilegiam a religião, as artes, a política, a ciência, e assim por diante. Da mesma forma, a educação não é a mesma para todas as faixas etárias, o que implica dizer que ela tende a ser diversificada e cada vez mais especializada, em razão de a própria sociedade exigir qual é o ideal de educação a ser praticado, qual é o estado físico e mental que um grupo social específico deseja desenvolver naqueles que o compõem.

A educação, então, tem por objeto produzir um ser social. A criança, desde muito cedo, sofre pressão do meio social, que tenta moldá-la à sua imagem, e os pais e os mestres são os representantes dessa sociedade.

Diante desses fatores, podemos entender a educação, a princípio, como a ação de adultos sobre jovens.

A ciência da educação tem como objeto de estudo o fato social educação. Durkheim (1975) conceituava educação como a ação exercida pelas gerações adultas sobre aquelas que ainda não alcançaram a maturidade para a vida social. Para o sociólogo, a finalidade da educação é a de desenvolver nos mais jovens, de forma metódica, estados físicos, intelectuais e morais que a sociedade exige para a convivência humana em grupos sociais determinados. Assim, a educação deve atender a necessidades sociais, uma vez que a cultura científica tornou-se imprescindível em nossa sociedade e essa é a razão pela qual a sociedade exige de seus membros formação intelectual para tal.

O mesmo ocorre com as qualidades físicas. Durkheim (1975) afirmava que, por exemplo, em Esparta, a educação física tinha por objetivo fortalecer músculos para combater a fadiga. Já em Atenas o objetivo era formar corpos para serem admirados e, em tempos de cavalaria, era essencial que se formassem guerreiros ágeis e resistentes. Atualmente, temos uma cultura intelectual demasiadamente intensa, enquanto a formação física está focada na saúde, no bem-estar e na longevidade, sem desconsiderar a estética do corpo magro e torneado.

Com base no que foi apresentado, poderíamos concluir que a sociedade diminui e desnaturaliza o indivíduo; entretanto, o papel que a sociedade cumpre em relação a esse indivíduo, especificamente em relação à educação, é de ensiná-lo e convertê-lo em um verdadeiro ser humano ou em um ser social.

Já que os jovens são os responsáveis por perpetuar os valores culturais de uma sociedade e, consequentemente, a ela própria, neste momento é pertinente tratarmos das concepções de infância e juventude na visão da Sociologia da Educação.

4. A educação contemporânea

O século XXI deu continuidade à problematização sobre família, criança, adolescência e juventude e, assim, às questões relacionadas à expansão da educação e ao papel que a instituição escolar adquiriu na socialização dos sujeitos.

Com a evolução da sociedade e de seus espaços sociais, a família também passou por diversas mudanças, inclusive em relação à sua dimensão e à organização de espaços físicos para a interação de seus membros. Na Idade Média, por exemplo, as famílias eram formadas por duas gerações e viviam todos juntos em casas pequenas e com poucos espaços, sem muita privacidade; isso era prejudicial às crianças, pelo fato de elas não encontrarem seu espaço no seio familiar. Mais tarde, com a reformulação dessa configuração dos espaços físicos, a criança ganha um ambiente mais propício ao seu desenvolvimento. Com a privacidade oriunda dessa nova configuração, surge a família caracterizada como organização conjugal.

O conceito de infância também tem sofrido mudanças ao longo dos tempos. A infância, por volta da Renascença (século XVII), era vista como os primeiros anos de vida do homem, período em que surgia a fala e em que tudo deveria ser ensinado; em outras palavras, a infância era caracterizada pela dependência para viver e pela falta de valores e regras. Entretanto, correspondia a um período muito curto, que durava enquanto a criança era vista como alguém frágil.

Com o surgimento das escolas, as famílias se reorganizam em torno dessa mudança por terem de se separar das crianças. Nesse período, além da família, a escola também assume a responsabilidade pela socialização do sujeito e a duração da infância passa a ser considerada a duração da escolaridade.

A proteção da infância, da criança e do adolescente ocorreu no século XIX, o que se tornou uma característica do Estado Moderno. A educação tornou-se, então, estruturada na sociedade.

A concepção de juventude é mais recente e a sociologia trata dessa questão sob dois pontos de vista: a corrente geracional e a corrente classista. A primeira percebe a juventude como um fenômeno biológico, correspondente a um período cronológico da vida do sujeito, ou seja, atenta-se para a questão da idade, interesses. Essa corrente está voltada para como a geração internaliza os valores culturais de uma sociedade. A segunda propõe uma abordagem diferente para o conceito de juventude, divergindo do fator de transmissão cultural geracional para a reprodução de classes sociais.

Bourdieu (1983) argumenta que não se pode considerar a juventude como um fenômeno unívoco. Tal posicionamento seria uma manipulação da realidade, haja vista, por exemplo, que muitos jovens de classes sociais diferentes têm trajetórias distintas. É senso comum que muitos jovens brasileiros, de classes menos abastadas, enfrentam grandes dificuldades para prolongar o tempo de sua juventude, por terem de começar a trabalhar cedo para ajudar no sustento de casa, ao contrário de jovens de famílias com maior poder aquisitivo. Por essa razão, a

O conceito de infância sofreu mudanças ao longo dos tempos.

sociologia considera uma alternativa antiquada a adoção da corrente geracional para a conceituação de juventude. Atualmente, a corrente classista avança nessas explicações, apontando a juventude como uma etapa essencialmente transitória da infância para a vida adulta (CAMARANO, 2006).

Em resumo, podemos perceber que pode haver concepções diferentes de infância, adolescência e juventude, pelo fato de essas fases de vida serem entendidas como um tempo social construído de acordo com condições materiais e culturais do tempo e do espaço em que vivem os sujeitos.

Com esse novo papel que as instituições escolares assumiram na socialização do sujeito, antes de responsabilidade da instituição familiar, é vital que as escolas tenham consciência da importância exclusiva da atualização de suas práticas e de tudo que envolve o processo ensino-aprendizagem para manterem-se alinhadas com as práticas sociais exercidas no cotidiano. Caso contrário, corre-se o risco de não se desenvolverem sujeitos em sua plenitude para a vida em uma sociedade caracterizada pelo dinamismo, influenciada pela globalização, tecnologia, integração de mercados, por questões ambientais e de responsabilidade social, entre tantos outros aspectos que podem passar despercebidos na formação que a escola proporciona aos jovens.

Na seção a seguir será estabelecido um diálogo entre duas áreas do conhecimento: sociologia e educação.

5. Sociologia da educação

Na sociedade contemporânea, na era do conhecimento, todas as formas de conhecer e interpretar a realidade ocorrem simultaneamente. Se pensarmos que podemos explicar fatos e fenômenos apenas sob uma perspectiva, adotaremos uma visão reducionista e fragmentada do mundo e, consequentemente, o conhecimento produzido também não dará conta de toda a complexidade que envolve o fato ou fenômeno estudado, por mais que esse fato ou fenômeno seja um fragmento de algo maior.

Isso também se aplica à educação.

Antes de tratar especificamente da Sociologia da Educação, ou seja, de duas áreas do conhecimento humano que se somam para explicar um objeto, é relevante nos aprofundarmos na questão do diálogo entre áreas do conhecimento.

Sobre esse assunto, Morin (1995) propõe um método analítico que relaciona a parte com o todo, advogando que não é necessário dividir para conhecer. Esse método introduz o pensamento complexo: a **transdisciplinaridade** na explicação do Universo.

A transdisciplinaridade é um paradigma emergente que propõe transcender o universo científico e trazer à tona a multiplicidade dos modos de conhecimento, assim como o reconhecimento da multiplicidade de indivíduos produtores de todos os novos e velhos modos de conhecimento.

A partir disso, surge a necessidade de reafirmar o valor de cada sujeito como portador e produtor legítimo de conhecimento e toda a subjetividade inerente a ele. Assim, o objeto em estudo não é explicado com base em uma única disciplina, como a educação, por exemplo, mas devem-se articular todas as disciplinas que sejam capazes de explicar tal objeto – ou seja, a produção do conhecimento não é disciplinar, mas transdisciplinar, pois transcende uma disciplina para tratar de toda a complexidade desse objeto.

A título de exemplo, pensemos a respeito desta matéria. Ela tem como objetivo específico capacitar alunos de pós-graduação na área de educação. Inicialmente, apresentamos um esboço dos conceitos gerais, o objeto de estudo e o método de análise da sociologia. Em seguida, fizemos um percurso semelhante com outra área do conhecimento: a educação. Poderíamos, ainda, embora não seja objeto específico deste tópico do curso, tratar de questões relacionadas à pedagogia, outra área do conhecimento que estabelece um diálogo muito próximo com a da educação. Em resumo, esta matéria do curso deixa de ser apenas uma disciplina para tornar-se (in)disciplina, no sentido de transcender uma doutrina e mobilizar várias outras para tratar de toda a complexidade que o nosso objeto de estudos necessita.

Diante da complexidade da nossa sociedade, cria-se um ambiente mais propício para perceber que o conhecimento não está pronto, acabado, e nem é estático, pois a própria sociedade nos impõe uma dinâmica veloz de mudanças de paradigmas. O verdadeiro conhecimento, como explicariam os filósofos essencialistas, é conhecimento vivo, mutável, processo de vir a ser. O conhecimento aparece como um processo de expansão a cada fase de transição dos níveis de consciência: mitológica, teológica (religiosa), racional e holística (que considera o todo).

PARA SABER MAIS! Recomendamos a leitura da obra Introdução ao pensamento complexo, *de Edgar Morin (1995), indicada nas Referências deste livro.*

A construção de um novo objeto, com metodologia particular, partindo da interação de diferentes disciplinas, que se descaracterizam como tais, perde os seus pontos de vista particulares e sua autonomia para constituir-se um novo campo de conhecimento.

Diante do exposto acima, podemos concluir que o conhecimento é uma forma de compreensão da realidade e dos fatos e fenômenos nela inseridos, cuja função é auxiliar os sujeitos a compreender suas relações e, também, o Universo. Desse modo, se o conhecimento é a mola propulsora para compreendermos nós mesmos e o que nos cerca, a pesquisa revela-se como um instrumento para buscar esse conhecimento e está presente em todos os momentos de nossa vida.

6. Relação entre sociologia e educação

Como abordado anteriormente, a sociologia é uma ciência que estuda os fatos sociais que ocorrem na sociedade, nos grupos sociais, e o grupo educativo (escola) é um dos muitos agrupamentos sociais existentes. Já a educação é uma ciência que se debruça sobre as ações exercidas pelas gerações adultas sobre aquelas que ainda não alcançaram a maturidade para a vida social. A escola é, portanto, uma instituição fundamental no processo de formação e de socialização do indivíduo, por ser parte inerente à sociedade e por manter uma relação de diálogo entre ambas. Nesse sentido, pode-se considerar que a escola tem a responsabilidade de garantir que o destino social dos indivíduos não seja definido pelo nascimento.

Posto isso, a sociologia da Educação é a relação entre duas áreas do conhecimento que se somam para buscar explicações para as questões de formação do indivíduo, considerando que a escola é um grupo social existente na sociedade e, portanto, é objeto de estudo da sociologia.

Sociologia da Educação, então, é uma subárea da sociologia que estuda os fatos sociais que estão relacionados com a educação. Como área de conhecimento, a sociologia debruça-se, entre outros aspectos relacionados ao universo escolar, sobre:

- a educação como processo social global;
- os sistemas escolares (escolas e tudo aquilo que dá sustentação a elas);
- a escola, propriamente dita;
- a sala de aula;
- o professor.

Segundo Bourdieu (1983), a Sociologia da Educação estuda as relações entre reprodução cultural e social e, portanto, dedica-se aos processos socializadores do indivíduo na intenção de promover a manutenção de uma cultura e de uma sociedade. Entretanto, essa formação do sujeito que se coloca neste momento não é uma formação apolítica, descontextualizada de qualquer ponto de vista crítico. Pelo contrário: o sujeito ainda tem a possibilidade e condição de rebelar-se contra as regras do sistema e, então, ser coagido de maneira legal ou espontânea, nos termos já discutidos neste capítulo, haja vista a educação ter a função, entre tantas outras, de equilibrar os interesses pessoais e sociais e, ao mesmo tempo, contribuir para a alteração social.

> *PARA SABER MAIS!* Sugerimos a leitura da proposta de uma perspectiva não escolar no estudo sociológico da escola, disponível em: <http://www.usp.br/revistausp/57/14-marilia.pdf>. Acesso em: 11 fev. 2015.

Ao longo dos tempos, a escola vem sofrendo transformações profundas, assim como a sociedade, e atualmente ela deixou de exercer o monopólio da reprodução cultural. A cultura escolar tende a transformar-se em uma cultura como tantas outras (SPOSITO, 2003).

Por essa razão, é pertinente a reflexão sobre o ambiente educativo, mas sem desconsiderar o papel que outras instituições possuem na socialização do sujeito, embora seja relevante enfatizar a importância que a escola tem, como instituição socializadora de inserção do indivíduo na vida social. Uma alternativa para isso é ter consciência de que elementos não escolares adentram a instituição escolar e são criados no interior dela e, por essa razão, devem ser igualmente estudados.

ATENÇÃO! Consideramos ambiente educacional o local em que ocorre o ensino e a aprendizagem e, assim, os sujeitos envolvidos nesse processo relacionam-se com o todo, de maneira que aprendem e ensinam ao mesmo tempo.

Esses argumentos encontram respaldo no fato de que a Sociologia da Educação considera que há um vínculo entre processo educacional e espaço de aprendizagem.

Por processo educacional entende-se a composição de diferentes aspectos que sofrem influências de questões internas e externas e, desse modo, impactam o ensino-aprendizagem. Espaço de aprendizagem diz respeito ao local físico em que ocorre o ensino-aprendizagem, considerando, inclusive, todas as interferências que emergem desse local e que influenciam a instrução do sujeito.

Sociologia da Educação é uma área de conhecimento importante para o educador por permitir a compreensão da vida social, do processo educativo e das relações entre instituição de ensino e sociedade, tomando o grupo social educativo como objeto de estudo.

No decorrer do que foi exposto nesta seção, percebemos o caráter social da ação pedagógica, o que justificaria, também, a abordagem sociológica trazida à tona nessa discussão. Na próxima seção, aprofundaremos a temática da Educação social.

7. Educação social

Já apresentamos anteriormente o conceito durkheimiano de educação: a ação exercida pelas gerações adultas sobre aquelas que ainda não alcançaram a maturidade para a vida social. Nessa ocasião, estabelecemos o caráter social da educação.

Professor lecionando fora da escola, na Índia.

> *PARA SABER MAIS! Recomendamos a obra de Antoni Petrus (2003), Novos âmbitos em educação social – Profissão: educador social, indicada nas Referências deste livro.*

Neste momento, cumpre elucidarmos o que entendemos por Educação social.

Trata-se de uma prática pedagógica politizada que compreende o sujeito como um ser pensante, que sente e se relaciona com outros sujeitos, de maneira que contribuem para a formação do outro e também para a transformação social. Nesse sentido, podemos ir além e somar a esse conceito o fato de que Educação Social pressupõe a compreensão dos direitos de cidadão do educando, independentemente de sua localização espacial. Em razão disso, existem duas características fundamentais da Educação social: seu caráter social e a prática pedagógica.

A Educação social no Brasil foi amplamente amparada por Organizações Não Governamentais (ONG), nos anos 1990 e, por isso, o terceiro setor passou a ser um dos principais agentes de realização de Educação social. Com essa terceirização da educação, houve um esvaziamento ideológico nessa socialização e a ideia de que a Educação social é prioritariamente democrática e emancipadora, crítica, restou fragilizada.

A esta altura, o leitor pode questionar o que é ser cidadão. Ser cidadão pressupõe o exercício consciente de seu papel na sociedade em defesa do fortalecimento e da ampliação da cidadania, que se refere a direitos e obrigações caracterizados como civis, políticos e sociais.

A Educação social possui esse caráter político na intenção de ensinar os educandos a compreenderem a dinâmica da sociedade e as relações de poder que a perpassam. Freire (2011) argumenta que a educação é uma forma de intervenção no mundo em razão de, ao mesmo tempo, possibilitar a reprodução da ideologia dominante, romper com essa dinâmica e ser insubmisso a ela. As questões políticas, críticas, são centrais nessa abordagem e estão muito alinhadas com nossa discussão de Educação social, embora o autor não tenha utilizado essa nomenclatura.

> *PARA SABER MAIS! Leia a obra de Paulo Freire (1997), Pedagogia da autonomia, indicada nas Referências deste livro.*

A autonomia do sujeito vai sendo construída a partir da sua história, de suas decisões e atitudes, do seu pensar e, portanto, ele precisa ser encorajado a isso e não ter alguém que pense e decida por ele. Dessa maneira, o sujeito precisa ser arquiteto de seu intelecto e, para isso, a educação precisa ser concebida como ideológica, de transformação social. Isso permite dizer que a função básica da Educação social é promover melhoria nas condições de vida dos cidadãos, a partir de seu desenvolvimento intelectual e crítico (PETRUS, 2003).

Essa criticidade e politização da Educação social está fortemente relacionada à ação educativa direcionada a pessoas ou grupos menos favorecidos socialmente e, portanto, excluídos socialmente.

Essa exclusão é resultado de inadaptação do sujeito ao meio social. Entretanto, esses sujeitos são detentores de direitos, e também de obrigações, como qualquer outro cidadão, e por isso sua integração é obrigação do Estado. Vale ressaltar que a ação educativa sobre esse sujeito visará a sua integração; entretanto, não basta apenas uma intervenção no sujeito, é preciso uma atuação também sobre a sociedade que o repudia.

Diante de toda a heterogeneidade característica da escola, há muitas limitações para a inserção social de certos educandos e, por essa razão, a Educação social pode ser uma via necessária para a inclusão de sujeitos vulneráveis socialmente. Se considerarmos que vivemos em uma sociedade em que a escola não é mais a única detentora do saber, a única fonte de informação e transmissão cultural, como outrora foi, e se considerarmos também que vivemos em uma sociedade pedagoga, com múltiplas instituições que ensinam, muitas delas até mais que a própria escola, é absolutamente necessário que esses agentes de formação desempenhem um papel consciente de suas práticas e de seus resultados.

Freire (2011) pressupõe a prática educativa como a inter-relação entre sujeitos (educador e educando), objetos de conhecimento (conteúdos programáticos), objetivos que orientam o ensino-aprendizagem de objetos de conhecimento determinados, métodos, técnicas de ensino e material didático que permitam a apreensão dos conteúdos. Associado a esses saberes, é necessário conhecer a realidade social em que se atua. Nesse sentido, a Educação social está comprometida com o processo de transformação, mudança, empoderamento dos educandos. Empoderamento diz respeito às potencialidades dos sujeitos, da comunidade, das instituições, e o entendimento de que esses atores sociais possuem mecanismos para concretizar um processo de transformação. É nesse processo que se melhora e assume o poder e o domínio sobre si.

Para concluir, a Educação social é uma prática que deve ser necessária e operacionalizada por todos os atores envolvidos na socialização do sujeito (ressaltamos a importância dessa questão para a instituição escolar), por ser transformadora dos espaços sociais em razão de uma educação política consciente. A Educação social configura-se no âmbito de políticas públicas de um Estado que visa ao bem-estar social, promovendo melhorias nas condições de vida de seus cidadãos.

Na próxima seção, desenvolveremos a questão da democracia para a educação, uma das características da Educação social.

8. Democracia para a educação

Como já abordamos, a educação está situada em um tempo e espaço e, em razão disso, ela busca a formação de sujeitos para a vida em sociedade. Consideremos que essa sociedade de que falamos tenha uma localização geográfica específica, dotada de um governo também específico, com seu regime político.

Antes de explorarmos a relação entre democracia e educação, é necessário que entendamos essas questões anteriormente mencionadas.

Primeiramente, assimilamos a sociedade, palavra de origem latina *societas*, como associação amistosa com outros. Sociedade humana é um conjunto de indivíduos, um agrupamento de pessoas, que compartilham uma cultura, determinadas ideias, alguns costumes e que vivem em um espaço geográfico comum e organizado, relacionando-se entre si. Além disso, esses indivíduos partilham laços ideológicos, econômicos e políticos que os identificam em um projeto comum. Isso permite concluir que a sociedade existe desde que o homem é homem, porém, evidentemente, não nos moldes como a conhecemos atualmente.

ATENÇÃO! Há sociedades de animais estudadas pela sociobiologia ou etologia social.

A sociedade já assumiu características muito distintas, desde o período pré-histórico, em que o mais forte ou o sábio ocupava o poder. Na Grécia antiga, o poder absolutista tornou-se mais flexível, devido a certa mobilidade social, mas foi a partir da Revolução Francesa que a sociedade de fato sofreu transformações profundas, que refletiriam fortemente no nosso tempo. Foi nesse período que a organização social transformou-se radicalmente, permitindo uma grande mobilidade social e, então, possibilitou que qualquer sujeito transitasse de uma classe social para outra, o que contribuiu e ainda contribui para mudanças socioculturais profundas nas sociedades (já que compreendemos que podemos falar de sociedades, no plural, devido à existência de vários agrupamentos de pessoas com traços e objetivos comuns).

Quando mencionamos a questão de governo na sociedade, não necessariamente estamos tratando de um Estado, mas também não significa que não estamos considerando o ente Estado como uma forma de governo. Em outras palavras, entendemos, a princípio, governo como uma forma de organização da sociedade, para que haja harmonia, e não caos, na vida social. Isso, em tese, poderia ser articulado sem a necessidade de um Estado, como é o caso dos povos curdos, que habitam uma região do Oriente Médio e não possuem um Estado constituído. Por Estado entendemos unidade territorial com leis próprias e suas instituições, como as escolas, os hospitais, a marinha, entre tantas outras, e por isso a questão do território é uma característica central para a definição de Estado. É muito comum vermos usos dos vocábulos Estado e nação como sinônimos, entretanto Estado diz respeito a um grupo de instituições que dão suporte à soberania territorial e populacional. Nação refere-se à organização da sociedade, com seu povo, sua cultura, sua identidade, seus costumes, seu idioma, enfim, com características comuns de um povo.

Cada Estado possui uma forma de governo. A classificação aristotélica apresenta como formas puras a Monarquia, a Aristocracia e a Democracia. Como formas impuras apresenta a Tirania, a Oligarquia e a Demagogia. Entretanto, adotamos neste curso a classificação moderna maquiavélica, que considera a Monarquia e a República. Nesse sentido, entendemos Monarquia como uma forma de governo em que o cargo de chefe de Estado é hereditário e vitalício, ou seja, é transmitido de pai para filho, e, assim, não há mobilidade na troca de poder. Já a República é uma forma de governo em que o chefe de Estado é eleito por um período e não vitalício. A República também difere-se da Monarquia na medida em que, na primeira, o Estado e o Governo são de responsabilidade do mesmo sujeito (presidente) – no caso do Brasil, a presidente Dilma Rousseff; na Monarquia, por outro lado, o monarca exerce a chefia de Estado, mas não a de Governo – como exemplo, citamos o Reino Unido, cuja chefe de Estado é a rainha Elizabeth II.

Para situarmos a educação em um tempo e um espaço, tomemos como exemplo o Estado Brasil, cuja característica moderna é a república democrática presidencialista, regida por uma Constituição Federal (originária de um órgão constituinte popular, eleito pelo povo e, portanto, democrático). A república brasileira é democrática no sentido de a soberania ser exercida pelo povo, que elege seus representantes para os poderes Executivo e Legislativo, já que para o poder Judiciário não há eleições e os cargos são ocupados por indicação ou por concurso público.

ATENÇÃO! Lembramos que o Brasil passou por um período de ditadura em que houve significativa redução de direitos civis e políticos e que, portanto, nesse período, o povo não era soberano.

A partir da redemocratização do Brasil, ocorrida em meados dos anos 1980, concebeu-se que o desenvolvimento de uma nação não está ancorado apenas no aspecto econômico, como ocorreu na ditadura brasileira (1964-1985), mas também no aspecto social e político.

Nessa perspectiva, todos os documentos oficiais relacionados à educação pressupõem educação para a cidadania, na maioria das vezes, como elemento retórico apenas, sem considerar a educação como instrumento para a formação de governados e governantes. A esse respeito, vale mencionar a advertência de Bobbio (1986) de que a política de uma sociedade compromete o futuro de sua democracia. Neste momento, vale retomar os aspectos políticos abordados na seção Educação social, nos termos da pedagogia freireana como educação para a transformação e libertação, para que cidadãos sejam capazes de participar ativamente da vida em sociedade, característica fundamental em uma democracia, mas que nem sempre é desejada por governantes, que preferem cidadãos passivos e indiferentes.

A educação, como recurso de socialização dos cidadãos para a vida social, contribui tanto para preservar quanto para mudar valores existentes em uma sociedade. Para essas mudanças, a educação deve ser capaz de desenvolver todas as potencialidades do ser humano, no sentido de formar sujeitos capazes de pensar e de avaliar o mundo que está à sua volta – no caso, o mundo democrático brasileiro. Dessa maneira, começamos a delinear a relação entre democracia e educação.

Percebemos, então, uma relação estreita entre regime político e educação. Na concepção de Montesquieu (2005), é impossível uma república que não pratique uma educação republicana, assim como é impossível uma educação igualitária em um regime político não igualitário. Para atingir esses fins, é preciso haver um esforço educacional enorme.

Então, podemos avançar um pouco mais no conceito que estamos desenvolvendo de uma **educação para a democracia**. A educação para a democracia comporta três dimensões: formação para valores republicanos e democráticos nos âmbitos civil, político e social, uma vez que o cidadão deve atuar ativamente na sociedade em que vive em relação às questões civis, políticas e sociais, cujos fatores caracterizam uma democracia. Benevides (1996) apresenta três aspectos como indispensáveis para uma educação para a democracia: formação intelectual e informação, educação moral e educação do comportamento.

Quanto à formação intelectual e à informação, segundo a autora, primeiramente, para introduzir um cidadão em sociedade, devemos informá-lo e mergulhá-lo nas diferentes áreas do conhecimento humano. Uma vez deficitário esse processo, contribuiremos para reforçar desigualdades, injustiças e segregação.

PARA SABER MAIS! Recomendamos a leitura do artigo "Democracia, direitos humanos e cidadania", disponível em: <http://www.periodicos.uem.br/ojs/index.php/EspacoAcademico/article/viewFile/11172/6470>. Acesso em: 18 fev. 2015.

A educação moral, ainda de acordo com a autora, diz respeito à consciência ética do sujeito, cujos valores são internalizados durante toda a sua vida, desde o nascimento até a morte. Nesse processo, a educação para a democracia deve estar comprometida com os valores de seu tempo e seu espaço. Especificamente em relação ao Brasil, estamos tratando de uma nação com valores democráticos sólidos e em aperfeiçoamento, de maneira que há uma preocupação com questões relacionadas a direitos humanos e que passam a ser a principal referência para o desenvolvimento de políticas públicas. Além disso, há grande pressão de movimentos sociais por reconhecimento de direitos sociais e a inserção de demandas contemporâneas como o respeito às diferenças (Rodrigues; Sierra, 2011). Enfim, a democracia visa à construção de um estado de bem-estar social e a educação é o instrumento essencial para isso.

O terceiro aspecto da educação para a democracia compreende a educação do comportamento. Para a autora, a educação do comportamento diz respeito à formação do sujeito para o diferente, o divergente, a tolerância em uma sociedade que também respeita os direitos individuais.

Para finalizar, é importante ressaltar que educação para a democracia não se confunde com educação democrática e tampouco com democratização do ensino. Educação para a democracia pressupõe a formação de cidadãos para a vida em conjunto, cujos valores democráticos são o alicerce da sociedade; assim, a educação precisa formar sujeitos autônomos, críticos e participativos da vida pública. A educação democrática é o meio para atingir os fins da educação para a democracia, ou seja, todos os envolvidos no processo de educação (educadores, gestores, pais, estudantes, entre outros) compartilham de responsabilidades pela formação do sujeito. Já a democratização do ensino diz respeito à universalização do acesso ao ensino, pois todos têm direito à educação como um bem inalienável, e, portanto, esse direito independe de classe social, cor, raça, ou qualquer distinção de outra natureza. Na democracia, pressupõe-se que a educação é um processo iniciado pelo Estado, com a finalidade de fortalecer o povo em relação ao Estado, e não o contrário (o Estado em relação ao povo).

Glossário

Educação – Ação exercida pelas gerações adultas sobre aquelas que ainda não alcançaram a maturidade para a vida social, e cuja finalidade é desenvolver nos mais jovens, de forma metódica, estados físicos, intelectuais e morais que a sociedade exige para a convivência humana em grupos sociais determinados.

Educação para a democracia – Formação para valores republicanos e democráticos nos âmbitos civil, político e social, uma vez que o cidadão deve atuar ativamente na sociedade em que vive em relação às questões civis, políticas e sociais, cujos fatores caracterizam uma democracia.

Educação social – Prática pedagógica politizada que compreende o sujeito como um ser pensante, que sente e se relaciona com outros sujeitos, de maneira que contribui para a formação do outro e também para a transformação social.

Fato social – Toda ação que possa exercer sobre o indivíduo uma coação.

Grupo social – Associação entre seres humanos em que há relações estáveis entre os membros do grupo, que têm interesses e objetivos comuns.

Sanções sociais – Punições impostas ou recompensas oferecidas aos membros de um grupo social, diante de comportamentos praticados nesse grupo. Essas sanções podem ser reprovativas ou aprovativas.

Símbolos sociais – Sistema de significação que regula e orienta a vida social e nos impulsiona a agir e nos organizar. Um exemplo típico de simbologia social é a linguagem, composta de um conjunto de símbolos verbais e não verbais.

Sociedade – Um conjunto de indivíduos, um agrupamento de pessoas que compartilham a cultura, ideias e costumes, e que vivem em um espaço geográfico comum e organizado, relacionando-se entre si.

Sociologia da Educação – Relação entre duas áreas do conhecimento que se somam para buscar explicações para as questões de formação do indivíduo, considerando que a escola é um grupo social existente na sociedade e que, portanto, é objeto de estudo da sociologia e, consequentemente, por considerar que a educação é a área do conhecimento que se debruça sobre a formação do sujeito para a vida em sociedade.

Sociologia – Ciência que estuda os fatos sociais, com a finalidade de explicar a sociedade, assim como de resolver problemas da vida social. Em ouras palavras, é a ciência que estuda as relações sociais e as formas de associação ou de agrupamento social.

Transdisciplinaridade – Paradigma emergente que propõe transcender o universo científico e trazer à tona a multiplicidade dos modos de conhecimento, assim como o reconhecimento da multiplicidade de indivíduos produtores de todos os novos e velhos modos de conhecimento.

Valores sociais – Conjunto de crenças, comportamentos e valores de uma sociedade que organizam a vivência coletiva. São as regras de convivência social. Essas regras são dinâmicas e, portanto, variam no tempo e no espaço.

CAPÍTULO 2
ANTROPOLOGIA DA EDUCAÇÃO

1. Antropologia, 36

2. Antropologia da educação, 41

3. O homem como educador, 45

Glossário, 51

No capítulo anterior, abordamos a questão da transdisciplinaridade como um paradigma emergente para a explicação da realidade, rompendo com a lógica do conhecimento compartimentado e disciplinar, e introduzimos a dinâmica do pensamento complexo como forma de compreensão da experiência humana, que exige uma postura multifacetada e não reducionista da produção do conhecimento.

Produzir conhecimento na área da educação pressupõe romper, então, com essa lógica do pensamento simplista e abrir-se para o pensamento complexo. Assim, um fenômeno antropossocial (o homem e seu processo de aprendizagem) não poderia submeter-se a princípios simplistas de inteligibilidade (MORIN, 1995).

Neste capítulo, vamos nos debruçar sobre mais uma área do conhecimento que contribui para a explicação do fenômeno educação: a **antropologia**. Essas duas áreas do conhecimento humano são instrumentos de reflexão da sociedade moderna.

Inicialmente, trataremos dos pressupostos históricos, do conceito, do objeto de estudo e do método de explicação da realidade da antropologia para, em seguida, estabelecer relação entre antropologia e educação.

1. Antropologia

A antropologia teve sua origem na Antiguidade Clássica, com os filósofos pré-socráticos (como Parmênides e Heráclito). Nesse período, as discussões acerca do homem, suas relações sociais e o comportamento humano já intrigavam os pensadores da época.

Heródoto, historiador grego (484 a.C.--424 a.C.), por exemplo, já demonstrava preocupação em conhecer o sistema social dos lícios (povos que residiam na antiga Ásia Menor, atualmente região da Turquia), que considerava culturalmente diferente de qualquer nação do mundo.

Nesse sentido, Tácito (55 d.C.-120 d.C.) também posicionou-se a respeito dos povos germânicos.

Na idade média, Marco Polo (mercador de Veneza) fez relatos de viagens por muitos lugares por que passou, com riqueza de detalhes que causava surpresa. Nesses relatos, ele descrevia lugares, hábitos e costumes de povos que conheceu, ou seja, esse material era (e ainda é) de importância antropológica imensurável.

PARA SABER MAIS! Recomendamos a leitura de uma reportagem a respeito de Marco Polo, disponível em: <http://www2.uol.com.br/historiaviva/reportagens/as_fantasticas_e_verdadeiras_aventuras_de_marco_polo.html>. Acesso em: 23 fev. 2015.

No século XVI, Pero Vaz de Caminha relatou ao rei de Portugal os hábitos e costumes dos povos que habitavam o Brasil na época do "descobrimento". José de Anchieta (1534-1597) surpreendeu-se com os costumes e hábitos dos indígenas tupinambás, que apresentou em relatos aos seus superiores da Companhia de Jesus, em Portugal.

ATENÇÃO! É preciso relativizar a questão do descobrimento do Brasil, em virtude de haver relatos históricos e científicos que apontam para uma chegada dos portugueses anterior a 1500; além disso, o Brasil já era habitado desde tempos pré-históricos e, no período da chegada dos portugueses, era povoado especificamente por índios.

PARA SABER MAIS! Recomendamos a leitura da carta de Pero Vaz de Caminha ao rei de Portugal, disponível em: <http://educaterra.terra.com.br/voltaire/500br/carta_caminha.htm>. Acesso em: 24 fev. 2015.

Até o princípio do século XVIII, esse conhecimento materializou-se em forma de crônicas e narrativas de viajantes, comerciantes, militares, missionários e outros itinerantes, formando-se uma literatura etnográfica sobre a diversidade cultural.

Todo esse saber produzido só foi sistematizado após a revolução iluminista, quando a antropologia ganhou o *status* de disciplina do conhecimento humano. A partir de então, mudou-se o foco histórico das narrativas de viajantes para ênfase nas leis que regem o desenvolvimento da sociedade (BOAS, 2004).

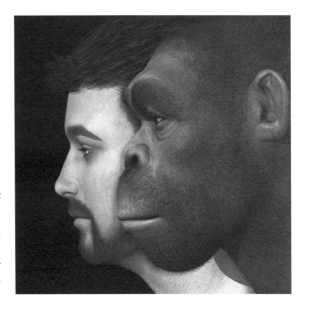

PARA SABER MAIS! Recomendamos a leitura de um artigo a respeito da revolução iluminista, disponível em: <http://revolucao-francesa.info/mos/view/Iluminismo>. Acesso em: 24 fev. 2015.

Antropologia, então, é uma ciência que estuda o homem como um ser biológico, social e cultural, e que busca produzir conhecimento sobre a diversidade cultural, trazendo respostas para compreendermos o que somos, permitindo-nos, portanto, entender a nossa condição humana. É uma área extremamente diversificada que abrange muitas questões de estudo, em relação tanto ao tempo quanto ao espaço. Em relação ao tempo, poderia explicar o homem e sua relação com o Universo há milhões de anos; em relação ao espaço, tudo o que habita a Terra e relaciona-se com o homem é objeto de estudo da antropologia. Nessa diversidade de possibilidades de estudo, o antropólogo encontra-se diante de infinitas opções de abordagem. Para sistematizar esse campo de atuação, a antropologia pode ser classificada como **Antropologia física ou biológica**, **Antropologia social** e **Antropologia cultural**.

Os aspectos da antropologia

A Antropologia física, ou biológica, ocupa-se de estudos de materiais colhidos em escavações ou sítios arqueológicos e investiga aspectos biológicos e genéticos do homem. Por essa razão, mantém uma relação muito estreita com áreas como a arqueologia e a anatomia. Uma curiosidade a esse respeito: recentemente, foi descoberto um fóssil identificado como a primeira brasileira já encontrada, o que demonstra como a Antropologia física, ou biológica, atua para a compreensão do homem.

A Antropologia social investiga questões como organização social e política, parentescos e **instituições sociais**. Vale ressaltar que instituições sociais são mecanismos de controle social, com regras e normas que pautam o convívio social

e, portanto, são agentes socializadores. Como exemplo de instituições sociais, podemos mencionar a família, a igreja, a escola, entre tantas outras. Essa vertente da antropologia trata de questões relacionadas ao convívio em sociedade.

A Antropologia cultural pesquisa sistemas simbólicos, religiões e comportamentos – questões relacionadas à **cultura** – que promovem o desenvolvimento das sociedades no mundo. No aspecto cultural, a linguística merece destaque em razão de tratar da linguagem, elemento fundamental para compreender os sistemas de comunicação das sociedades e, ao mesmo tempo, por permitir a socialização dos sujeitos e o processo de endoculturação.

Neste momento, convém esclarecer que há outros termos relacionados à antropologia, como etnografia e etnologia. Para Lévi-Strauss (1970), ambos os termos referem-se a níveis diferentes de análise, de modo que o primeiro compreende os passos iniciais da investigação, como observação, descrição e trabalho de campo, cabendo ao segundo o estágio seguinte da etnografia, ou seja, a fase da síntese. A antropologia seria o estágio final dessa jornada investigativa, isto é, a última etapa da síntese já esboçada anteriormente, partindo das conclusões trazidas tanto pela etnografia quanto pela etnologia.

Outro aspecto que merece esclarecimentos refere-se à questão da cultura.

A definição de cultura originou-se no berço antropológico como um fenômeno natural que possui causas e regularidades, determina o comportamento do homem e implica uma dependência maior do ser humano em relação a seu aprendizado, em vez de agir a partir de atitudes determinadas por sua genética (LARAIA, 1986).

Além disso, a cultura é um processo acumulativo, que resulta de experiências de gerações anteriores. Esse processo influencia (limitando ou estimulando) a criatividade humana.

Cultura e suas ramificações

Não é uma tarefa muito simples conceituar cultura, em razão de sua abrangência. Entretanto, a definição proposta por Tylor (1977) é bastante esclarecedora: refere-se a um complexo de leis, conhecimentos, moral, arte, crenças, costumes e quaisquer outros hábitos que possam ser adquiridos pelo homem em sociedade.

Com essa definição, fica claro que a cultura é objeto de aprendizagem do homem em sociedade, e não algo adquirido, inato – ou seja, transmitido por meios genéticos, biológicos. A cultura também pode ser percebida como mecanismo de inclusão, na medida em que, por meio de sua difusão (aprendizagem), a ideia de pertencimento a algum lugar passa a ser algo concreto; o indivíduo aprende uma maneira de ser, que, embora seja social, é também individual (a percepção individual é influenciada pelo grupo, pelo social). Logo, a cultura permite ao sujeito ser e pertencer. Ser e pertencer são aspectos de identificação social e integração do sujeito em segmentos sociais e em gerações.

Com a assimilação da cultura, podemos construir um mundo mais tolerante e mais justo. Em resumo, cultura é tudo aquilo que pode ser ensinado e aprendido, em oposição à ideia de transmissão biológica. Isso permite referirmo-nos a culturas (no plural), devido a toda essa ramificação, e por isso cada cultura segue seu curso em razão de eventos históricos que enfrenta.

Todos esses argumentos aqui apresentados reforçam a importância e necessidade do acesso à cultura em qualquer sociedade que visa ao desenvolvimento humano e da própria sociedade. Foi graças à cultura que os humanos distanciaram-se dos animais e é também graças a ela que podemos construir novos saberes, novas posturas diante do mundo em que vivemos. Isso aponta a importância que a escola exerce na sociedade, como instituição formal de acesso e socialização de culturas, não apenas escolares, mas que se referem a um conjunto complexo de conhecimentos, saberes, crenças, comportamentos, hábitos e tudo aquilo que pode ser aprendido pelo homem.

Laraia (1986) questiona a conciliação da unidade biológica com a grande diversidade cultural do homem. Para tentarmos compreender esse questionamento, é preciso esclarecer que o **determinismo biológico** não molda o comportamento humano, papel representado pela aprendizagem. Explicando de outra maneira, é a aprendizagem, a socialização, o processo de culturalização do homem que delineia seu comportamento. Isso permite dizer que as diferenças genéticas não determinam as diferenças culturais. A título de exemplo, poderíamos, perfeitamente, trazer uma criança europeia para viver no sertão nordestino. Nesse ambiente, essa criança assimilaria a cultura nordestina e não se diferenciaria de outras crianças, criadas no mesmo contexto. Meninos e meninas possuem comportamentos distintos não em razão de questões genéticas, mas de uma educação que determina tais comportamentos. Isso comprova que as diferenças de comportamentos não são determinantes biológicos e, portanto, o comportamento dos sujeitos depende de aprendizado, de assimilação cultural.

Outra questão importante para avançarmos nesse questionamento do autor refere-se ao **determinismo geográfico**. Ele considera as diferenças do ambiente físico condicionantes da diversidade cultural, embora de maneira limitada, pois é possível, em um mesmo contexto, haver diferentes culturas. Em resumo, as diferenças que existem entre os povos não podem ser explicadas com base em questões biológicas ou pelo meio ambiente em que vivem, mas sim em razão de uma cultura, de um aprendizado que foi assimilado e transmitido por gerações.

2. Antropologia da educação

A passagem do século XIX para o século XX foi um período em que se percebeu que a antropologia poderia trazer contribuições valiosas para a área da educação.

Esse diálogo iniciou-se com antropólogos participando de revisão curricular e outros movimentos ligados à escola e à educação. De acordo com Gusmão (1997), entre os anos 20 e 50 do século XX, antropólogos tiveram uma participação essencial na reforma curricular dos Estados Unidos, e desse trabalho emergiram questões importantes, que nos permitem compreender a escola como uma instituição socializadora.

Nessa relação entre antropologia e educação, percebeu-se um espaço para debater, refletir e promover intervenções que vão desde a cultura da aprendizagem e seus efeitos sobre a diferença de etnia, raça, cultura e gênero, até os resultados do sistema escolar, caracterizado como dinâmico.

Como resultado disso, percebeu-se que a escola não desenvolve uma formação democrática nos jovens, em função, entre outras razões, da diversidade social e cultural, o que tem efeito muito negativo para a transformação social atual e para as gerações futuras. Talvez isso possa explicar a falta de sentido que a escola tem despertado em seus educandos, ocasionando alta evasão escolar e indisciplina, apenas para citar alguns problemas atuais. Muitas vezes, a escola promove exclusão, e não inclusão social – esta sim uma de suas funções.

Como abordado anteriormente, por educação entendemos ações exercidas pelas gerações adultas sobre aquelas que ainda não alcançaram a maturidade para a vida social, cuja finalidade é desenvolver, nos mais jovens, de forma metódica, estados físicos, intelectuais e morais que a sociedade exige para a convivência humana em grupos sociais determinados. Muitas vezes, a escola não consegue promover esses aspectos em seus educandos por razões diversas.

Nessa pequena reflexão sobre o universo escolar e sua complexidade, podemos identificar o aluno, sua cultura e seu ambiente como objetos de estudo.

A antropologia debruça-se sobre o estudo biológico, social e cultural do ser humano. Ao tratarmos do aluno como objeto de estudo, estamos considerando seus aspectos biológico, social e cultural e, portanto, a antropologia propriamente dita.

O homem está no centro dessa preocupação, considerando também as tensões que nascem dessa observação em relação ao seu aspecto histórico, haja vista que o mundo da cultura e seu movimento, relacionado a um povo, a uma tradição e a uma herança, ao ser confrontado com outros universos, pressupõe interesses e tensões diversos, observados em uma relação de alteridade (a relação entre o eu e o outro), mais que de diversidade (apenas o eu e o outro).

Dessa maneira, em contato com o outro, o eu divergente, nasce a antropologia, que visa explicar o mundo da cultura, as relações entre os homens e a construção do saber (GUSMÃO, 1997). É nesse processo de imposição de si ao outro, e vice-versa, que emerge o **diálogo entre antropologia e educação**, que tem como ponto comum a cultura do indivíduo, necessária para a vida em sociedade.

Ao preocuparmo-nos com sua formação física, intelectual e moral, buscamos respostas para essas questões também na área da educação, relacionada a um fazer reflexivo e crítico, que busca socializar o indivíduo, homogeneizando, mas também diferenciando cada um em razão de gênero, idade e crenças. Então, percebemos a educação responsável, ao mesmo tempo, pela transmissão cultural e pela formação individual do sujeito.

Podemos dizer que a educação é também mecanismo de controle social, por buscar a homogeneização de que falamos e permitir sua reprodução a partir de uma cultura socialmente valorizada e legitimada. Nesse contexto, percebemos um diálogo entre antropologia e educação em razão de a antropologia lidar com a questão da assimilação cultural e socialização do humano. O conhecimento desse processo e de como ele ocorre em uma variedade de culturas pode ajudar educadores em seu papel social.

Na visão de Gusmão (1997), a educação promove um ajustamento psicossocial, em função de a cultura ser percebida, também, como uma técnica social de manipulação da consciência, modelando a personalidade dos membros do grupo social. Isso significa que estamos buscando respostas e explicações para questões que envolvem o desenvolvimento humano, seja do ponto de vista evolutivo, social ou cultural, ou, ainda, seja do ponto de vista de sua socialização e integração ao meio social em que vive. São, nesse sentido, duas ciências em ação: antropologia e educação.

Nessa busca pelo desenvolvimento das capacidades humanas, educadores têm enfrentado muitos problemas. Esses problemas emergem da complexidade e heterogeneidade da cultura americana e sua dinâmica que influencia os esforços em oferecer oportunidades educacionais para os jovens. Esses problemas educacionais estão relacionados, portanto, à questão cultural de um povo. Para resolvê-los, educadores buscam respostas em áreas científicas como biologia, psicologia, história, filosofia, sociologia (por essa razão, defendemos a explicação da realidade com base no diálogo entre várias disciplinas – transdisciplinaridade –, e não apenas a partir da questão disciplinar, compartimentada) e, mais recentemente, na antropologia. Isso mostra mais um ponto de conexão entre antropologia e educação.

A educação propõe mudanças de comportamento em uma direção desejada e a escola é uma instituição socializadora criada para desempenhar esse papel, de produzir mudanças comportamentais desejadas, problematizando o comportamento ideal dos cidadãos, em termos de conhecimentos, valores, habilidades e competências (SPINDLER, 1955).

Além disso, em uma sociedade tão dinâmica e heterogênea como a em que vivemos, torna-se um tanto difícil fazer a descrição de um cidadão ideal e, desse ponto, emergem conflitos e confusões em relação aos objetivos educacionais. Isso traz implicações para a seleção de um currículo adequado.

Spindler (1955) afirma que uma das **funções da antropologia** é ajudar educadores a desenvolver uma concepção ideal de homem e a identificar valores a serem desenvolvidos e reproduzidos socialmente na escolha de um currículo adequado para grupos sociais específicos.

> *PARA SABER MAIS!* Sugerimos a leitura do artigo intitulado "Multiculturalismo no ambiente de trabalho", disponível em: <http://www.saladacorporativa.com.br/2011/01/multiculturalismo-no-ambiente-de-trabalho/>. Acesso em: 28 fev. 2015.

Vale ressaltar que, muito recentemente, a questão das experiências culturais (multiculturalismo) dos sujeitos têm sido fonte de preocupação de agentes socializadores, em razão de sua influência na *performance* das pessoas. Ambientes corporativos, por exemplo, têm privilegiado candidatos com formação multicultural como forma de aumentar a produtividade individual, a eficácia organizacional e a competitividade sustentável, pelo fato de a diversidade promover um ambiente rico em ideias e soluções para problemas cotidianos.

Todo esse diálogo entre antropologia e educação precisa ser ampliado e aprofundado, uma vez que, historicamente, a educação tem mantido uma relação muito mais estreita com a psicologia. Na visão de Spindler (1955), isso se deve ao fato de princípios de aprendizagem e desenvolvimento de personalidade serem naturalmente áreas da psicologia.

Salientamos áreas de interesses da antropologia em relação à educação, como currículo escolar, formação de profissionais, administração escolar (SPINDLER, 1955), entre outras. Ainda de acordo com o autor, interesses na relação entre classe social e aprendizado e entre classe social e organização escolar têm sido uma das contribuições mais valiosas da Antropologia da educação.

Outra área que, especificamente no caso brasileiro, merece atenção especial, é a compreensão da adolescência em uma dimensão mais ampla. Trata-se de uma forma de poder auxiliar os educadores nessa questão que tanto tem afligido nosso sistema educacional básico.

Todas essas questões aqui apontadas, na visão de Spindler, ainda são preocupações muito recentes em nossa sociedade. Até então, a atenção estava voltada para questões colonialistas, reservas indígenas e pessoas não alfabetizadas expostas à sociedade de massa.

Existem áreas com potencial interesse para a Antropologia da educação:

Quadro 1 – Áreas em potencial para a Antropologia da educação

1 – Papel do professor e do administrador educacional
2 – Efeitos dos valores culturais e percepções de educadores sobre o comportamento de estudantes
3 – Transmissão informal de valores pelos professores
4 – Compreensão da escola como um sistema social
5 – Compreensão do processo educativo (quem, o quê, quando, onde e como)

Fonte: Spindler (1955).

Spindler (1955) afirma que o papel do antropologista nesse cenário é de atuação como consultor para contribuir com ideias em todos os níveis educacionais (do básico à pós-graduação), em razão de a educação ser concebida como um processo cultural. Esse profissional precisa ter consciência de seu papel, a fim de melhorar a teoria educacional e, ao mesmo tempo, resolver problemas educacionais imediatos. Nessa atuação, deve ser levada em consideração uma sociedade tecnológica e urbana com toda a sua diversidade e demandas sociais emergentes.

Nesse processo investigativo, deve-se promover uma crítica social e de sua organização em classes que aponte para a relação entre os homens e seu hábitat, que promova o entendimento das culturas, que direcione as mudanças socioculturais para a igualdade, justiça e liberdade dos povos e, consequentemente, melhore a unidade e o progresso da humanidade (CAÑELLAS, 2007).

A relação entre antropologia e educação é estabelecida à medida que entendemos que a educação está integrada ao mundo cultural e é parte do universo cultural de uma sociedade específica, com seus anseios e desejos também específicos; que a educação pretende resolver problemas do indivíduo e da humanidade; que a educação exerce um papel de destaque nos programas de promoção social e que, ainda, promove valores éticos (CAÑELLAS, 2007).

A Antropologia da educação tem como objeto de estudo central os fenômenos educativos. Nesse sentido, Cañellas (2007) afirma que a antropologia foca seus estudos nos fatores culturais da educação e considera a educação um fator cultural por: influência da cultura na aprendizagem; incidência cultural tanto no comportamento quanto nos costumes dos indivíduos; incidência cultural na personalidade e nas instituições educativas. O autor considera, também, o cultural como elemento educativo, ou seja, como objeto de ensino. Por exemplo: a cultura e suas formas de vida; pautas culturais da família, comunidade, mídia de massa e grupos sociais; a cultura infantil e juvenil, moda, questões de consumo e estudo de ambientes culturais.

Entretanto, ao procurar dar explicações antropológicas a todas essas áreas, com vistas à melhoria do processo educacional, corre-se o risco de cair na generalização do conceito antropológico de estudo do homem, de maneira que as explicações para questões específicas passam a ser generalizações.

Para finalizar esta seção, recuperamos o conceito de cultura como a totalidade das manifestações humanas. Como parte dessas manifestações, a educação é figura essencial, em razão de ser responsável pelo desenvolvimento das capacidades humanas. A antropologia veio estabelecer uma relação com a ciência da educação em razão de estudar o homem e seus aspectos físicos, sociais e culturais. Desse diálogo, percebemos a importância do estudo do homem relacionado ao seu hábitat e, ao mesmo tempo, emerge uma questão que merece reflexões mais aprofundadas, em razão de seu papel na formação do indivíduo para a vida social: o homem como educador.

3. O homem como educador

"Conhece-te a ti mesmo."

Sócrates

A epígrafe acima é um ponto de partida muito apropriado para a discussão que queremos realizar nesta seção. Essa expressão era uma inscrição de boas-vindas grafada na entrada do Oráculo de Delfos, lugar dedicado a Apolo (deus da mitologia grega). Para situar em nosso tempo, Milton Nascimento propõe essa busca pelo eu na canção "Caçador de mim".

Na filosofia, a expressão tornou-se referência na busca pelo conhecimento, partindo-se do autoconhecimento para compreender as coisas que constituem o Universo. O autoconhecimento não é um exercício fácil e, por isso, a mediação pode ser um instrumento valioso para nos distanciarmos de nós mesmos e, assim, sermos capazes de produzir alguma interpretação desse ser, em uma relação outro x eu (o outro sou eu mesmo).

Gostaríamos de iniciar esse distanciamento com um questionamento: Quem sou eu, educador?

Homem: um educador

Para respondermos a essa questão, precisamos olhar para esse sujeito, ou seja, o educador, considerando uma dimensão bastante ampla, para então compreender toda a complexidade que envolve um agente educacional, propiciador da socialização e integração do sujeito na sociedade – e não em uma sociedade qualquer, mas em uma sociedade dinâmica e globalizada, tecnológica e multicultural, ou seja, uma sociedade também bastante complexa, tal qual o papel social de educador. Costa (2001) propõe um olhar para as dimensões pessoal, profissional, política e cidadã do educador.

Primeiramente, pensemos sobre a dimensão pessoal do educador. Seria mais fácil atribuir o que somos somente ao outro e nos eximir de toda a responsabilidade. Sobre essa questão, Sartre (1978) faz uma reflexão muito esclarecedora, no sentido de que o importante não é o que fizeram de nós, mas o que faremos com o que fizeram de nós. A formação pessoal do educador é resultado das oportunidades que ele teve e escolhas que ele fez ao longo de sua vida. Sua personalidade o faz único no tempo, apesar de ter passado (e estar passando) por um processo de socialização (que é contínuo) que cria identidade social. Cada sujeito é resultado de seu processo histórico e nesse processo construiu ideias, projetos, sonhos, objetivos.

Nesse sentido, o educador, ao estar em ação, também mobiliza sua dimensão pessoal, sua história de vida, suas experiências, suas crenças e ideologias, e associa esses fatores às questões didáticas e pedagógicas. Isso permite dizer que não há educação neutra, livre de ideologias ou crenças pessoais do educador. Podemos perceber isso com clareza, por exemplo, nas possibilidades que o educador tem de escolher objetos e objetivos de ensino, material e organização didática das atividades, e o faz a partir de um ponto de vista guiado por alguma ideologia.

Houve um tempo em que se pedia aos educadores que deixassem seus problemas, suas questões pessoais fora da sala de aula. Muito já se debateu a respeito e, nessa discussão, restou claro que é impossível o educador desvincular as questões pessoais das pedagógicas. É por essa razão que iniciamos esta seção enfatizando a necessidade de autoconhecimento, inclusive como exercício para perceber e conhecer o próximo, prática essencial em sala de aula, uma vez que o educador precisa estar ciente da realidade das pessoas envolvidas no processo de ensino-aprendizagem, inclusive para dar voz a esses sujeitos.

Para Freire (1997), ouvir o outro transcende a questão física e biológica. Ouvir o outro é exercer a capacidade de respeitar e resgatar a autoestima do sujeito, considerando sua história de vida, sua visão de mundo e sua identidade cultural. Essa postura do educador permite formar um cidadão não no sentido de homogeneização, de moldá-lo, mas no sentido de torná-lo capaz de ser um agente de transformação social, de romper com estruturas e pensamentos homogeneizantes.

Para educar nessa perspectiva, o educador, em primeiro lugar, precisa conhecer sua complexidade para, em seguida, ser capaz de respeitar e conhecer a complexidade de cada educando.

O homem, como um ser social, é influenciado por muitas instituições sociais, como a família, a igreja, a mídia, o trabalho, a própria escola, entre tantas outras, e essa influência tem efeitos também na sua formação pessoal. Isso refletirá, como visto, na sua formação profissional.

Quanto à dimensão profissional, é importante reconhecer que o educador é um sujeito sócio-histórico e, portanto, sofre influência tanto dos aspectos sociais quanto do tempo. Em outras palavras, deve-se reconhecer que a formação profissional do sujeito é resultado de suas experiências enquanto educando. Nesse sentido, a formação política complementa a formação profissional, de maneira que, no processo de reflexão sobre sua prática, o educador é capaz de modificá-la ou não, com base em suas ideologias.

Freire (1997) aponta os saberes necessários para ensinar, enfatizando que a questão central desses saberes reside na reflexão sobre a prática que o educador precisa promover para favorecer a autonomia de seus educandos. Esses saberes podem ser distribuídos em três grupos: o primeiro compreende os saberes de competência geral, como um ser político, a respeito da essência do sujeito e de sua maneira de estar no e com o mundo e a influência dessas questões sobre o outro; o segundo grupo compreende os saberes referentes à natureza da ação educativa; o terceiro grupo abrange os conhecimentos específicos das ciências.

Barreto e Barreto (2001) aponta alguns equívocos na formação de educadores. O primeiro seria o de que a formação pode resolver todos os problemas da prática. Esse equívoco está vinculado a uma visão autoritária do processo educativo e, por isso, não considera as reais condições dos educandos.

O segundo equívoco é considerar que a formação antecede a ação. Esse pensamento é muito reducionista, haja vista que muitos questionamentos de educadores emergem da prática. Nesse sentido, a formação precisa ser capaz de formar educadores pesquisadores, que sejam capazes de refletir sobre e na prática pedagógica, para então propor soluções para problemas específicos, surgidos também em contextos específicos.

O terceiro equívoco seria a separação entre teoria e prática. Essa visão também é autoritária, por considerar que há aqueles que trabalham com o pensamento (teoria) e os que trabalham com a ação (prática).

O quarto equívoco seria trabalhar o discurso e não a prática educativa. Isso significa que muitos profissionais da educação apresentam um discurso memorizado quando são questionados a respeito de sua prática educativa. No entanto, quando essa prática é observada, percebe-se a construção de uma realidade diferente, equivocada em relação às orientações da literatura pedagógica.

Uma forma de minimizar esses equívocos talvez seja enfatizar, na formação de docentes, questões relacionadas à **transposição didática**. Por transposição didática entendemos um conjunto de rupturas e transformações que ocorrem no momento em que um saber é tomado pela escola com fins didáticos para serem ensinados (MAGALHÃES, 2004).

Ser educador pressupõe uma multiplicidade de competências (pessoais, pedagógicas, vistas até este momento, e outras que ainda traremos para esta discussão). Como paradigma atual para a formação de educadores, defendemos a abordagem transdisciplinar, uma concepção de formação de profissionais da educação que contempla toda sua história de vida e seus saberes – não compartimentados, disciplinares, mas um saber holístico, que se refere ao domínio, pelo educador, de conhecimentos de diferentes áreas do saber necessários para sua atuação profissional.

Muitas vezes, a formação inicial não suporta toda essa demanda. Por essa razão, no processo de autoconhecimento, o educador precisa ter consciência de sua dimensão como profissional da educação e lançar-se na busca pelo saber de modo constante, por toda a sua vida. Essa atitude pressupõe consciência da necessidade de uma formação contínua do docente.

Em relação à dimensão política, Freire (1983, 2000) concebe esse aspecto não no sentido de haver uma educação político-partidária, mas no sentido de se respeitar a identidade cultural do educando, considerando-o como sujeito ativo no processo de ensino-aprendizagem; trata-se de relacionar educação e aspectos socioculturais.

Poderíamos acrescentar a esse posicionamento freireano a ideia de que um educador político é aquele capaz de fazer o aluno compreender a importância social de conteúdos selecionados para o ensino-aprendizagem, uma vez que o desinteresse ou a não funcionalidade de conteúdos selecionados para abordagem em sala de aula pode trazer efeitos muito negativos para o ambiente escolar. Além disso, a consciência política permite a transformação social em razão de compreender os interesses sociais, políticos e econômicos de uma sociedade.

Não bastassem esses aspectos educacionais estarem enviesados politicamente, a própria educação é uma ação política sobre os sujeitos, pois o fazer pedagógico é uma atitude política frente à sociedade em que vivemos. Esse comportamento político do educador, que não é neutro, pode tanto estar a favor da reprodução do sistema como permitir a ruptura com um sistema que reproduz a desigualdade e promove a manutenção de um estado de coisas. Na visão de Freire (2000), o homem é um ser histórico capaz de decidir seu futuro, mas, para isso, há de ser um crítico contumaz, obstinado.

A formação política é um saber tão necessário ao educador quanto a formação técnico-científica, em razão de entendermos a política como meio de intervenção social, assim como a educação.

O educador deve posicionar-se politicamente na sociedade em que vive e sobre ela e, dessa maneira, ensinar os sujeitos a respeito da dinâmica dos poderes na sociedade, com vistas à concepção de um mundo mais justo, igualitário (sem homogeneizar, sem perder a identidade e a liberdade individual). Dessa maneira, os anseios por direitos e cidadania dos educandos deixam de permanecer no âmbito particular para ganhar um caráter público, por ressonância de todos.

Em resumo, **politizar** está relacionado à compreensão do cenário político em que vivemos, das estratégias de alternância ou permanência do poder, de políticas públicas com vistas à manutenção e ampliação da democracia e, consequentemente, de um estado de bem-estar social.

Essa perspectiva política de formação de educadores traz desafios. Talvez o mais importante deles recaia sobre as instituições formadoras de educadores. Os cursos de formação de educadores precisam ser revistos em relação a vários aspectos, entre os quais destacamos: relação teoria e prática do ensinar; abordagem de casos concretos de problemas educacionais e dificuldades de aprendizagem; formação política e cidadã dos educadores.

Por fim, a dimensão cidadã também deve ser considerada no educador. Já passamos pelos conceitos de cidadania neste curso, entretanto vale recuperar esse conceito para avançarmos nessa discussão: ser cidadão pressupõe o exercício consciente de seu papel na sociedade em defesa do fortalecimento e ampliação da cidadania, que se refere a direitos e obrigações caracterizados como civis, políticos e sociais.

Nesse sentido, o educador, por ser um dos responsáveis pela socialização e integração do sujeito na sociedade, precisa ter consciência de seu papel.

Nesta seção, já tratamos da dimensão pessoal do educador, e naquele momento trouxemos à discussão a importância da vivência e das experiências de vida desse profissional, que são mobilizadas no momento da ação educativa. Então, perguntamos: Antes de exercer essa função social, o educador teve consciência de sua cidadania? Como educador, ele tem consciência desse papel? Ele tem consciência de que suas ações em sala de aula não são neutras? Ele reconhece que seu trabalho pode reproduzir um estado de comportamento, pensamentos e atitudes ou, ainda, pode ser o instrumento de transformação social, por questionar o estado das coisas e proporcionar mudanças, rupturas, progresso?

Se o educador não tiver consciência da importância e relevância da educação para o desenvolvimento de uma nação e, consequentemente, de seu povo, seu trabalho pode estar fadado a romper com o objetivo educacional de formar cidadãos críticos e capazes de transformar uma realidade. O professor, então, deve ser cidadão dentro e fora da sala da aula; ele deve ter consciência política de suas ações. É importante que o educador compreenda seu papel social em uma sala de aula, diante dos alunos.

Esse educador, na prática, precisa estar comprometido com seu contexto histórico e entender sua relação com o outro (os educandos). Também não nos esqueçamos de que garantir a participação social em uma sociedade injusta e desigual não é tarefa fácil. Eis mais uma razão para o educador ter uma formação nessas dimensões aqui defendidas, pois, dessa maneira, ele promoverá uma intervenção profunda na sociedade. Essa ruptura poderá incomodar quem está no poder hegemônico, mas é só a partir de uma participação social efetiva que esses sujeitos farão parte do processo de construção de uma sociedade: educadores e educandos, juntos.

Uma economia competitiva, uma sociedade mais igualitária e um estado de bem-estar social mais forte e consolidado dependem de uma educação de qualidade para todos, que seja capaz de transformar o sujeito. Um aluno que sai da escola sem ter aprendido o que deveria é mais um sujeito despreparado para a vida, com grandes possibilidades de dependência do Estado e da sociedade. Será um possível beneficiário de programas sociais do governo, portanto estará acorrentado ao Estado. Em contrapartida, se uma família pobre tem, em seu seio familiar, um estudante que consegue avançar, rompe-se o ciclo de reprodução da pobreza e abre-se um horizonte de perspectivas e possibilidades, que desvincula o sujeito de seu estado anterior e integra-o a seu ambiente. Nesse momento, ele passa a exercer sua cidadania plena.

A educação para a cidadania é um instrumento essencial para a democracia. A escola e o educador devem trabalhar os ideais de cidadania. Tal objetivo precisa estar disposto no plano político-pedagógico da instituição escolar e ser trabalhado em todas as áreas do saber, não apenas em ações isoladas.

O educador precisa ter compromisso social, que compreende o desenvolvimento de princípios, valores, inclusão social e diversidade cultural. Uma educação compromissada pressupõe o rompimento de fronteiras, que muitas vezes foram erguidas já no nascimento.

Nesse cenário apresentado, surge outro questionamento: a responsabilidade do professor, enquanto cidadão, é idêntica à dos demais cidadãos? Da resposta a essa questão dependerá o modo como o educador lidará com a sua profissão.

Glossário

Antropologia – Ciência que estuda o homem como um ser biológico, social e cultural e que busca produzir conhecimento sobre a diversidade cultural, trazendo respostas para compreendermos o que somos, permitindo-nos, portanto, entender a nossa condição humana.

Antropologia física ou biológica – Ocupa-se de estudos de materiais colhidos em escavações ou sítios arqueológicos e investiga aspectos biológicos e genéticos do homem. Por isso, mantém uma relação muito estreita com áreas como a arqueologia e a anatomia.

Antropologia social – Investiga questões como organização social e política, parentesco e instituições sociais. Essa vertente da antropologia trata de aspectos relacionados ao convívio em sociedade.

Antropologia cultural – Pesquisa sistemas simbólicos, religiões e comportamentos – questões relacionadas à cultura – que promovem o desenvolvimento das sociedades no mundo.

Cultura – É um fenômeno natural que possui causas e regularidades, determina o comportamento do homem e implica uma dependência maior do ser humano em relação a seu aprendizado, em vez de agir a partir de atitudes determinadas por sua genética; é um processo cumulativo, que resulta de experiências de gerações anteriores. Esse processo influencia (limitando ou estimulando) a criatividade humana.

Determinismo biológico – Não molda o comportamento humano. As diferenças genéticas não determinam diferenças culturais nem diferenças de comportamento. O comportamento dos sujeitos depende de aprendizado, de assimilação cultural.

Determinismo geográfico – Considera as diferenças do ambiente físico como condicionantes da diversidade cultural, embora de maneira limitada, pois é possível haver diferentes culturas em um mesmo contexto.

Diálogo entre antropologia e educação – Emerge do processo de imposição de *si* ao outro e *vice-versa*, da tensão oriunda dessa relação. Esse diálogo nasce da preocupação com a formação física, intelectual e moral do sujeito, e por essas questões estarem relacionadas à aprendizagem e, portanto, à educação. A antropologia trata da questão da assimilação cultural e socialização do ser humano.

Funções da antropologia – Ajudar educadores a desenvolver uma concepção ideal de homem e a identificar valores a serem desenvolvidos e reproduzidos socialmente, na escolha de um currículo adequado para grupos sociais específicos; auxiliar na escolha dos métodos educacionais adequados para desenvolver os valores de que já tratamos, por compreender aspectos como imitação, participação, comunicação e outros métodos informais utilizados no processo de culturalização do indivíduo.

Instituições sociais – Mecanismos de controle social, com regras e normas que pautam o convívio social; são, portanto, agentes socializadores.

Politizar – Levar à compreensão do cenário político em que vivemos, das estratégias de alternância ou permanência do poder, de políticas públicas com vistas à manutenção e ampliação da democracia e, consequentemente, de um estado de bem-estar social.

Transposição didática – Conjunto de rupturas e transformações que ocorrem no momento em que um saber é tomado pela escola com fins didáticos.

CAPÍTULO 3
CONCEITO EDUCACIONAL CONTEMPORÂNEO

1. Breve relato histórico da educação, 54

2. Educação na contemporaneidade, 55

3. Modelos de educação, 60

Glossário, 69

Para discutirmos a **educação** contemporânea, decidimos, por questões didáticas, apresentar um breve relato da história da educação, a fim de compreendermos os caminhos e algumas características da educação de certas sociedades ao longo do tempo, o que, consequentemente, auxiliar-nos-á na compreensão das demandas educacionais atuais.

1. Breve relato histórico da educação

Pensar em educação é pensar a respeito de nossa própria história. É pensar a respeito da cultura da humanidade.

Como já tratamos em outro momento deste curso, a educação atende a objetivos específicos, alinhados com o tempo e o espaço, o que implica dizer que, para compreendermos a história da educação, é preciso situá-la em um tempo e em um espaço específicos.

Ilustração de escola rural publicada na revista *Niva*, em 1893, na Rússia.

Há relatos históricos de que entre grupos primitivos já havia educação. Essa educação não era institucionalizada nos moldes contemporâneos. Pelo contrário, era uma educação espontânea, baseada na imitação dos mais velhos em atividades de subsistência como a caça, a pesca e a agricultura (LUZURIAGA, 1981).

Foi no Oriente, antes ainda do calendário cristão, que a educação passou a ser uma prática direcionada e consciente. A escrita sistematizada desenvolvida pelos povos orientais influenciou a criação de escolas formais. Inicialmente, a população dessa região foi ensinada a ler, a escrever e a contar, e essa escola não era para todos, como são as que conhecemos hoje. A título de curiosidade, a educação dos povos hebreus tinha duração de 10 anos e era sistematizada a partir das escrituras sagradas (Torá e Talmud). Entre os hindus, além de as escolas não serem comuns, a educação era privilégio de poucos. Na China, a sistematização da educação ocorreu por volta do século V e havia uma diferenciação no acesso à educação: a escola elementar era direcionada à população em geral, enquanto a educação superior era voltada a mandarins (LUZURIAGA, 1981).

A educação clássica, por volta do século V da era cristã, voltava-se à sociedade ocidental e localizava-se especificamente em Roma e na Grécia. Em Roma, a educação era responsabilidade da família. Na Grécia, começaram a surgir as primeiras escolas e, então, a educação deixou de ser responsabilidade da família. Os gregos priorizavam a educação intelectual e física, acompanhada de um viés moral e estético de seu povo.

No período medieval, a educação é tomada por uma vertente religiosa, cristã e dogmática, com prejuízos da formação intelectual e científica.

O pensamento livre e crítico e as áreas das ciências foram retomados no período humanista, influenciado pela Renascença.

No século XVI, influenciada pela Reforma e pela Contrarreforma, a educação adquiriu um sentido religioso novamente, com destaque para a educação dos jesuítas (já abordada neste curso), que propagaram a visão cristã por séculos, inclusive alcançando o Brasil com a catequese dos indígenas, logo após a chegada dos portugueses às terras que hoje correspondem à parte de nosso país.

A educação realista tem início com a propagação das ideias científicas de Galileu Galilei e filosóficas de Descartes (LUZURIAGA, 1981).

A educação conhecida como naturalista, moderna, teve início com Jean-Jacques Rousseau, que defendia uma educação que contemplasse os aspectos intelectuais, morais e físicos.

Com a Revolução Francesa, em 1789, surge a educação nacional, em que era atribuída ao Estado a responsabilidade pela formação e socialização de seu povo, de seus cidadãos, e cuja escola primária, gratuita e obrigatória, caracterizava-se pela universalidade do acesso. A educação nesses moldes só passou a ser formalmente um direito de todos com o Tratado da União Europeia, de 1992 (MONTEIRO, 1998).

Atualmente, na maioria dos países, está praticamente superada essa questão da escola primária universal, gratuita e obrigatória, embora ainda precise haver um esforço no sentido de atender plenamente a essa demanda. O Brasil, por exemplo, apresenta um índice de 98% de estudantes em idade entre 6 e 14 anos matriculados no ensino fundamental – dados de 2013. Por essa razão, caracterizamos o período atual como educação para a democracia, nos termos já abordados neste curso.

2. Educação na contemporaneidade

A educação para a democracia pressupõe a formação de valores republicanos e democráticos nos âmbitos civil, político e social, uma vez que o cidadão deve participar ativamente da sociedade em que vive.

Sociedade contemporânea

Um ponto que muitos educadores progressistas consideram o cerne de toda educação na contemporaneidade é a educação pública e universal, sendo esta função do Estado e voltada aos interesses comuns, da sociedade, e não a interesses políticos de seu agente. Desse modo, a escola é resultado dos objetivos do Estado, em termos de manutenção de sua instituição política e do sistema social que ele deseja, que pode ser de disseminação de ideologias ou mesmo de legitimação da dominação.

> *ATENÇÃO! Tendência progressista da educação é uma corrente da educação na era contemporânea que considera, entre outras coisas, o desenvolvimento da autonomia, do espírito crítico, da democracia plena e da aproximação de classes nos educandos.*

A educação na contemporaneidade guarda uma relação muito próxima com as teorias anarquistas, opondo-se ao autoritarismo do Estado, propondo uma escola libertadora e vinculada à luta de classes, que funcione como instrumento de luta para os oprimidos.

Partindo dessa perspectiva, é função do Estado propor políticas públicas para uma educação libertária, nos termos de Freire (2011). A Lei de Diretrizes e Bases da Educação Nacional (LDBEN), promulgada em 1996, contempla essa dimensão em seu artigo 1º, ao mencionar que a educação nacional abrange os processos de formação do indivíduo no seio de várias instituições educativas, como a família, o trabalho, as próprias instituições de ensino e pesquisa, os movimentos sociais, organizações da sociedade civil e manifestações culturais (BRASIL, 1996).

Esse mesmo documento, em seu artigo 2º, trata dos **fins da educação**: pleno desenvolvimento humano, preparo para o exercício da cidadania e qualificação para o trabalho, com autonomia pedagógica de professores e unidades administrativas.

Visando alcançar esses fins, nosso sistema escolar busca formação para os cidadãos tanto no âmbito geral quanto no profissional e está organizado nas seguintes etapas:

a) educação infantil;

b) ensino fundamental, ciclos I e II;

c) ensino médio;

d) ensino superior.

A educação infantil visa à formação da criança nos aspectos físico, psicológico, intelectual e social. Ao final do ensino fundamental, os alunos concluintes devem estar aptos a dominar a leitura, a escrita e o cálculo, além de compreender o ambiente natural e social, o sistema político, a tecnologia, as artes e os valores básicos da sociedade e da família. Já o ensino médio objetiva aprofundar conhecimentos construídos na etapa anterior e desenvolver a formação ética, a autonomia intelectual e o pensamento crítico, e a compreensão dos fundamentos científico-tecnológicos dos processos produtivos.

Por fim, a educação de nível superior tem por objetivo, além de criar meios para o pensamento reflexivo, formar o espírito científico e transmitir conhecimento acerca dos problemas que nos cercam, entre outros. Visa, também, à formação do cidadão em áreas específicas do saber. O ensino universitário, sobretudo na América Latina, está comprometido com os processos de mudanças sociais e econômicas, priorizando problemas regionais, locais e nacionais (NAVARRO, 2005).

Para essas instituições serem capazes de formular programas educacionais eficazes e eficientes, não podemos desconsiderar a sociedade em que vivemos, pois, como já mencionamos, a educação precisa estar afinada com demandas específicas de um tempo e de um espaço.

A sociedade contemporânea é impactada fortemente pela **globalização**. Por globalização entendemos uma forma específica de relação entre Estados-Nação e a economia mundial; são conexões entre nações, continentes ou regiões, criando-se interdependências em diversas áreas, como política, cultura, economia, tecnologia, entre tantas outras.

Sociedade globalizada

A globalização continua a propiciar grandes transformações sociais e em velocidade difícil de mensurar. Consequentemente, isso traz implicações e muitos desafios para a educação na contemporaneidade.

Como o sistema de educação (sobretudo a partir da obrigatoriedade do Estado) sempre esteve relacionado ao projeto de desenvolvimento e modernização de qualquer país, esse cenário criou **novos modelos educacionais** com foco, também, em **competências** globais, com impacto direto nos currículos educacionais. Isso implica dizer que o educando precisa pensar nos problemas globais do mundo, mas sem esquecer as questões regionais, locais.

O **currículo escolar** é um instrumento muito importante na instituição de ensino, em razão de ser um norte para as ações educativas.

> ATENÇÃO! O currículo escolar constitui uma proposta de objetivos educacionais e dos processos pedagógicos que proporcionam a aprendizagem efetiva.

Esse currículo contemporâneo de que tratamos deve abordar questões que propiciem ao educando um bom desempenho no mundo imediato, habilidade de criticar e viver experiências de diferentes formas de cultura, capacidade de autorreflexão, compreensão do seu entorno social, assim como **aprender a aprender**. Além dessa abordagem, valores éticos, de responsabilidade social e cidadania, e conhecimento das TIC (Tecnologias da Informação e Comunicação) também são impositivos. Criou-se, então, um conceito de rede, de conexão, de maneira que não existem mais limites geográficos. Todos esses aspectos aqui elencados devem ser abordados de maneira significativa, que seja relevante para o aluno.

Diante de tantos objetivos contemporâneos, em face de uma intensa globalização e, igualmente, de uma revolução tecnológica, tanto em nível comunicacional quanto nos meios de produção, a questão central que se coloca para a educação é: Quais são os saberes a serem ensinados pela escola que podem contemplar todo esse cenário? O que é essencial para a formação cidadã? Além disso, há de se considerar a organização disciplinar e fragmentária do conhecimento.

> ATENÇÃO! É em razão da fragmentação do conhecimento que propomos neste curso a visão transdisciplinar, na perspectiva de Morin (1995).

A Unesco (Organização das Nações Unidas para a Educação, Ciência e Cultura) propõe algumas **habilidades** para serem desenvolvidas no século XXI. Entre elas, destacamos a inovação, a utilização da tecnologia, o trabalho colaborativo e o pensamento crítico.

> PARA SABER MAIS! Recomendamos assistir ao vídeo a respeito da educação no século XXI disponível em: <https://www.youtube.com/watch?v=5h5Vtx4xQrw>. Acesso em: 7 mar. 2015.

Abordando especificamente a questão das TIC, há um abismo entre prática social e escola no que tange à comunicação.

A educação institucionalizada pressupõe a abordagem de práticas sociais de maneira institucional, tomando-as como objeto do conhecimento para o ensino-aprendizagem. Nosso sistema educacional está pautado por velhos paradigmas, que muitas vezes não estão alinhados com os avanços e as demandas da sociedade contemporânea; muitos deles, ainda, enfatizam e privilegiam habilidades que não estão no cerne dos objetivos educacionais de nosso tempo.

Se pensarmos, por exemplo, que as funções de trabalho mais valorizadas são as que necessitam de desempenho intelectual, proatividade e livre-iniciativa, apenas para citar alguns aspectos, e que a educação básica apresenta sérios problemas em relação ao desenvolvimento dessas capacidades, podemos concluir que há um grande desafio para ser enfrentado pela escola no século XXI. Além disso, se evocarmos os objetivos educacionais elencados na Lei de Diretrizes e Bases da Educação Nacional – pleno desenvolvimento humano, preparo para o exercício da cidadania e qualificação para o trabalho (BRASIL, 1996) –, podemos perceber que ainda há muito o que fazer para alcançar esses objetivos de ensino-aprendizagem.

Esse fracasso escolar é instrumento da exclusão, uma vez que o conhecimento é distribuído de modo disforme para a população. Além disso, parte desse fracasso também é atribuído às condições estruturais e funcionais das escolas. Essas observações vão de encontro com os objetivos da educação na contemporaneidade. A maioria das escolas brasileiras não se preocupa (ou não tem condições de se preocupar) com o espaço físico da sala de aula, composto por carteiras, lousas e cortinas, ou seja, um ambiente que não estimula a criança. Essas mesmas escolas, por exemplo, rejeitam o ambiente da sala em razão de a criança ter de ficar locomovendo-se de uma sala para outra, o que, para essas escolas, gera tumulto, barulho, indisciplina.

Também percebemos a influência das questões familiares, uma vez que são atribuídas à escola muitas responsabilidades que são da família e vice-versa, o que contribui para esse fracasso de que tratamos.

Outro ponto que se coloca como desafio para uma escola para todos, universal, é a questão da **educação inclusiva**. A educação inclusiva está pautada pela ressignificação das práticas pedagógicas, reconhecendo o paradigma das diferenças. Sobre essa questão, vale ressaltar que uma escola universal deve atender a todos, considerando toda a heterogeneidade de ser e de aprender. Desses aspectos, destacamos um desafio contemporâneo, que diz respeito a alunos portadores de **necessidades especiais**.

Bem-vindo a uma escola para todos!

Alunos portadores de necessidades especiais apresentam dificuldades acentuadas de aprendizagem, em razão ou não de causa orgânica, ou evidenciam dificuldades de comunicação ou altas habilidades (LAPLANE, 2006). Portanto, a escola precisa desenvolver metodologias e abordagens de ensino-aprendizagem que contemplem questões como essas, que aceitem o tempo e o modo de aprendizagens diferentes, o que traz, consequentemente, implicações para a formação de educadores.

Outra questão que emerge no contexto da contemporaneidade é o aprender a aprender, revisitada a partir do movimento denominado **escola nova**. Essa questão nasceu de uma necessidade social e histórica, na transição de uma sociedade feudal para a capitalista burguesa, e mais adiante debruçaremo-nos sobre ela.

Em relação ao ambiente corporativo, a educação contemporânea enfrenta um desafio: formar mão de obra para os empregos atuais, mas também para empregos que ainda não surgiram, o que são dois objetivos antagônicos. Quanto à qualificação para o trabalho, para empregos existentes, depara também com questões relacionadas ao primeiro emprego, haja vista que nem sempre a formação institucional é capaz de desenvolver todas as capacidades exigidas para o mercado de trabalho.

3. Modelos de educação

Com o surgimento da sociedade organizada em classes, a educação ganhou modelos bastante distintos. Inicialmente, como já abordado, a educação não era para todos – era, ao contrário, privilégio de classes dominantes.

Mais tarde, em outro momento histórico, a pedagogia dos jesuítas, com critério de propagação de ideais religiosos e de dominação e imposição de uma cultura dos colonizadores sobre a dos colonizados, trazia um caráter de rigidez, baseado na disciplina, na ordem, e era fundamentada na gramática e na literatura (NAVARRO, 2005).

Por meio desses dois exemplos já percebemos o viés sociopolítico da educação, que atende a ideologias de um tempo e um espaço e que, consequentemente, traduz uma concepção de homem e sociedade, assim como uma concepção pedagógica de ensino-aprendizagem.

Já no século XIX, com a **pedagogia tradicional**, a concepção de educação era a da escola como instituição social, cuja finalidade era educar as pessoas de todas as classes sociais.

Nesse período, a educação deixou de ter uma vertente religiosa, assumindo um caráter fortemente estatal, ou seja, o propósito era educar de acordo com os objetivos do Estado. Também não se considerava a questão de classe social, de maneira que a função da escola era preocupar-se com a cultura, enquanto os problemas sociais eram de responsabilidade da sociedade. Outra característica dessa concepção pedagógica reside no fato de que a escola estava preocupada com o intelecto, e não com o sujeito.

O professor era o centro do processo de ensino-aprendizagem e o aluno era um ser passivo, que apenas recebia conteúdos e não tinha independência cognitiva. O docente era o principal agente detentor e transmissor do conhecimento pronto e acabado; tinha uma postura inflexível e impositiva, autoritária, perante os alunos, e seu método de ensino era a exposição de conteúdos, muitas vezes sem relação com o cotidiano, e com a exigência de memorização e repetição por parte dos alunos.

Escola tradicional

A avaliação da aprendizagem era classificatória e com objetivos imediatistas, ou seja, não havia uma reflexão a respeito de causas e consequências. Questioná-

rios eram (e ainda são) muito utilizados como instrumentos avaliativos. Os resultados avaliativos baixos eram meramente classificatórios e traduzidos em castigos ou em convocação dos pais para que tomassem ciência da "incompetência do filho".

A escola nova surge no fim do século XIX, na Europa, em um cenário de consolidação do capitalismo e desenvolvimento da indústria, com uma proposta de inovação que rompia com a pedagogia tradicional. Nesse modelo educacional, o professor é o facilitador da aprendizagem e os conteúdos ganham significação. O aluno passa a ser o agente ativo, criativo e participativo no ensino-aprendizagem. Em resumo, a escola nova envolve quatro aspectos definidores: função socializadora do indivíduo, indivíduo como sujeito do processo ensino-aprendizagem, escola como instrumento equalizador das desigualdades sociais e como espaço de aprendizagem para a democracia.

Escola nova

A função socializadora da escola tornou-se uma condição para a formação cidadã e inclusiva dos sujeitos nesse novo cenário que se configurava. Para isso, ela era entendida em uma relação muito estreita entre educação e comunidade, resguardado o papel social da escola, mas ampliando-se a função socializadora a outras instituições, e diminuindo, então, a distância

entre educação da escola e da vida. Essa visão traz duas questões importantes: necessidade de habilitação cada vez mais eficaz dos indivíduos para o trabalho, assim como para a convivência em organizações sociais cada vez mais complexas (CAMPOS; SHIROMA, 1999). Essa função socializadora pode ser percebida em dois aspectos fundamentais: necessidade de uma educação adequada aos novos tempos e a ideia de que educação escolar é educação para a vida, vinculando-se ao mercado de trabalho e aos processos de modernização tecnológica da indústria.

O aluno passou a ser sujeito no processo de ensino-aprendizagem e, portanto, o centro desse processo, de maneira que todas as decisões pedagógicas partiam da percepção do aluno enquanto sujeito histórico e social e os processos de aprendizagem receberam uma dinâmica que outrora fora concedida aos processos de ensino. Diante disso, houve a necessidade de (re)significação de todo o currículo escolar, a fim de atender a essa demanda que, entre outras, procurava imersão em situações de experiências.

Se antes a preocupação da escola estava ancorada na alfabetização de crianças e adolescentes, atualmente há uma preocupação em ampliar a alfabetização tecnológica dos sujeitos, uma vez que uma das finalidades da educação contemporânea é promover a equidade social de sua população. A partir dessa preocupação, a Unesco estabeleceu os pilares básicos da educação: aprender a conhecer, aprender a fazer, aprender a ser e aprender a conviver. Isso permite concluir que, então, precisa haver um deslocamento da questão disciplinar do conhecimento para as questões cognitivas, sociais e comportamentais do sujeito, inclusive necessárias para as atividades laborais (DELORS, 1998).

Nesse cenário, políticas educativas são desafiadas, no mínimo, por três aspectos: contribuir para um mundo melhor, com vistas a um desenvolvimento sustentável, promover a compreensão mútua entre os povos e permitir a renovação e ampliação de vivências democráticas.

Por essa exposição sobre a escola nova, percebemos que há aspectos de ruptura, assim como há aspectos de continuidade, com foco nas discussões atuais sobre educação, como desafios percebidos na área de formação de educadores, métodos e abordagens ineficazes, precariedade da instituição escolar no que diz respeito a equipamentos e material didático, entre outras demandas sociais e laborais que envolvem a (re)significação da profissão docente e a eficácia do sistema escolar.

Essa renovação pedagógica foi resultado de desenvolvimento de correntes biológicas, sociológicas e psicológicas (SILVA, 2011), que decorrem de um saber historicamente situado.

Os aspectos biológicos e sociológicos já foram abordados em outros momentos deste curso e continuam sendo abordados, entretanto neste momento trataremos de algumas correntes psicológicas que se destacaram na educação.

O **behaviorismo**, também conhecido como comportamentalismo, refere-se a uma abordagem psicológica que surgiu no início dos anos 1900 e que concebe o ambiente como determinante e condicionante do comportamento humano. Essa teoria considera que o comportamento do sujeito é gerado a partir de um estímulo (estímulo resposta), ou seja, o estímulo determina e influencia o comportamento (resposta).

Em termos de aprendizagem, para Skinner (1974), considerado o pai dessa corrente psicológica, ela se dá a partir de estímulos do meio.

Outro ponto importante dessa teoria refere-se ao **reforço**, considerado uma ação que legitima um comportamento, que pode ser positivo ou negativo. O reforço positivo refere-se à aprovação de um comportamento, é um estímulo favorável à ação observada, como quando um aluno, para a escritura de um artigo de opinião, busca pesquisar a respeito do tema sobre o qual deve discorrer, e então o professor, observando esse comportamento, legitima, dá credibilidade a isso, portanto reforça positivamente a ação. Esse reforço funciona como uma recompensa. Em outras palavras, o comportamento do aluno foi legitimado, foi aprovado. Já o reforço negativo refere-se à ausência de um estímulo positivo, mas que visa à continuação de determinado comportamento, como dizer ao aluno que se ele estudar poderá sair para o intervalo.

A punição é outro aspecto considerado importante nessa corrente psicológica. A punição visa à extinção do comportamento; entretanto, com a aplicação da punição, o comportamento não é esquecido, ele pode ser interrompido momentaneamente. Assim, a punição não pode reformar um comportamento inadequado e indesejado, pois ela diz o que não fazer, mas não indica qual é o comportamento adequado, entre outras questões.

Ainda hoje há muitos professores que orientam seu comportamento influenciados pelo behaviorismo, assim atribuem aos alunos nota por participação, por entregar o trabalho no prazo estipulado etc. Tais atitudes são exemplos de compensação por atitudes e comportamentos esperados dos alunos.

Outra teoria psicológica refere-se à **Gestalt**, surgida nos anos 1970 e baseada na percepção e na interpretação de estímulos. Nessa perspectiva, a compreensão dos fatos ocorre por *insights* instantâneos e o modo como percebemos o mundo influencia nosso comportamento. Na Gestalt, também considerada a psicologia das formas, a percepção é considerada em relação aos aspectos fisiológicos apenas, uma vez que não considera influências externas, como fatores sociais e econômicos. A crítica que se faz a essa corrente de pensamento é a de que ela estaria limitada a áreas que envolvem a percepção visual e espacial de formas e objetos.

Na educação, essa teoria é aplicada quando os professores estimulam os *insights*, explicações súbitas para as coisas; quando apresentam o objeto de ensino em sua totalidade e, ao mesmo tempo, suas partes, os pormenores; ou, ainda, quando incentivam os alunos a utilizar o conhecimento de uma situação em outra.

Outra corrente psicológica a ser considerada aqui é o **humanismo**. Essa corrente surgiu em meados de 1950 e apresenta uma visão otimista do homem, a crença na sua capacidade e possibilidade de desenvolvimento, com ênfase nos aspectos afetivos e existenciais, refutando o behaviorismo e sua relação entre o homem e a máquina, bem como as influências condicionantes do mundo externo, ou seja, seu condicionamento.

Essa teoria trouxe a questão da empatia para o contexto da educação e a compreensão do aluno como elemento central no processo de ensino-aprendizagem (ROGERS, 1973), elementos que foram retomados pelo **construtivismo**.

> *ATENÇÃO! Empatia significa colocar-se no lugar do outro, ver o mundo sob a perspectiva, as referências do outro.*

O humanismo trouxe ainda outras questões importantes que compõem o cenário de educação na contemporaneidade: aprendizagem significativa; professor concebido não como transmissor de conteúdos, mas como um facilitador da aprendizagem; potencialidade natural do ser humano para a aprendizagem; a importância da experiência na educação, entre tantas outras.

No início do século XX, outra corrente psicológica que estabeleceu uma relação de diálogo com a educação foi a **psicanálise**. Trata-se de conhecimentos sistematizados sobre o funcionamento da vida psíquica do ser humano.

> *PARA SABER MAIS! Sugerimos a leitura do artigo "Freud: psicanálise e educação", disponível em: <http://www.acervodigital.unesp.br/bitstream/123456789/140/3/01d08t01.pdf>. Acesso em: 8 mar. 2015.*

Nessa teoria, de acordo com Jardim (1970), Freud sistematizou a estrutura e o funcionamento da psique humana. Seu método interpretativo buscou conhecer os fundamentos ocultos dos comportamentos e dos processos mentais, com a função de resolver conflitos intrapsíquicos. Uma descoberta importante para essa vertente da psicologia diz respeito ao consciente e inconsciente. O inconsciente, especificamente, corresponde aos impulsos instintivos e hereditários do ser humano, assim como a conteúdos recalcados, conhecidos como desejos ou impulsos reprimidos.

Em relação à educação, esse movimento da psicologia preconizava a centralidade no sujeito e não nos métodos e técnicas de ensino. O lugar de destaque do sujeito, do aluno, refere-se à percepção de que o professor precisa compreender o outro e estabelecer boas relações consigo mesmo e com o próximo.

Essa postura foi bastante criticada em razão de a visão psicanalítica sugerir ao professor que baseasse suas ações pedagógicas no desconhecido. Considerando que o inconsciente é um território difícil ou, ainda, impossível de ser atingido, seguir as orientações dessa corrente da psicologia significava trilhar um caminho escuro, na irracionalidade. Além disso, a psicanálise foi criticada por distanciar-se do papel político e social do educador.

A pedagogia de enfoque histórico-social, também conhecida como construtivismo (VIGOTSKY, 2007), considera o aluno um sujeito histórico e ativo no processo de ensino-aprendizagem, com participação ativa e responsável por seu próprio processo de formação.

Uma característica desse modelo pedagógico é a **mediação**, sistema de transformação do meio a partir da ajuda/mediação de um sujeito. Pressupõe ajudar o outro a realizar uma atividade que sem essa ajuda ele não seria capaz de realizar, e a comunicação exerceria um papel central nesse processo. Para Vigotsky (2007), a linguagem ajuda no desenvolvimento da criança, pois a habilita a desenvolver tarefas difíceis e a planejar soluções e, por essa razão, ela deve ser exposta a tarefas que excedam seus conhecimentos e capacidades, mas de modo compartilhado, mediado.

Essa concepção pedagógica pressupõe a interação entre professor e aluno, entre aluno e professor e entre aluno e aluno, criando um ambiente favorável para o desenvolvimento de atividades educativas em que se estabelece uma relação entre o cognitivo e o afetivo. Isso implica dizer que as questões afetivas influenciam no ambiente e no processo de ensino-aprendizagem.

Esse sistema de ensino-aprendizagem requer uma flexibilização de programas e educadores que correspondam às necessidades sociais do educando, que considerem o seu conhecimento prévio, em razão de percebê-lo como um sujeito histórico e social. O educador deve trabalhar na **zona proximal de desenvolvimento** (Vigostky, 2007), compreendida como a distância entre o nível real de desenvolvimento e o nível de desenvolvimento potencial do sujeito. Os conhecimentos não são meramente transmitidos como prontos e acabados – eles são construídos socialmente, por meio da relação entre professor, aluno e materiais didáticos.

A avaliação da aprendizagem é processual, de maneira que busca perceber a aprendizagem durante o processo de desenvolvimento de capacidades, e não apenas com avaliação classificatória, nos moldes da educação tradicional discutida anteriormente. Seus resultados devem ser objeto de reflexão para mudança de percursos em caso de percepção de desempenhos insatisfatórios, ou seja, a avaliação é vista como um instrumento para redirecionamento da prática, em caso de necessidade.

Retomado, posteriormente, pelo construtivismo, o aprender a aprender defende a ideia de que as aprendizagens realizadas pelo educando no ato educacional são mais desejáveis que aquelas realizadas por ele a partir da transmissão de conteúdos. Essa concepção tem ganhado contornos atuais devido ao dinamismo de nossa sociedade, em ritmos cada vez mais acelerados, e em razão disso o conhecimento tem se tornado cada vez mais provisório.

Isso justifica essa abordagem contemporânea, na medida em que o sujeito é impactado cada vez mais pela necessidade de buscar informações, conhecer, relacionar informações novas com antigas, entre outras atividades intelectuais desejadas. Além disso, a percepção da necessidade de constante formação, inclusive e necessariamente dos educadores, é latente.

Essa perspectiva contempla a necessidade de formação de um sujeito capaz de acompanhar as mudanças que ocorrem em nossa sociedade e, portanto, a educação deve permitir que os cidadãos possam recolher, selecionar, ordenar, gerir e utilizar as mesmas orientações (DELORS, 1998). Isso implica dizer que, na sociedade contemporânea, o mais importante é o desenvolvimento das capacidades cognitivas, ou, em outras palavras, o aprender a aprender, uma capacidade fundamental do sujeito contemporâneo.

O educador, a partir dessa concepção contemporânea de educação, preocupado em desenvolver capacidades, hábitos e atitudes, visa instrumentalizar o aluno em relação a aspectos cognitivos para o desenvolvimento de atividades, e não mais a transmitir conhecimentos prontos e acabados.

Aprender a aprender não significa que apenas os processos e as operações cognitivas são importantes, mas implica uma abordagem de práticas sociais que desperte curiosidade intelectual, que seja capaz de introduzir o aluno nas mais diversas áreas do conhecimento, propiciando a ele experiências e métodos de **resolução de problemas** e, obviamente, que o educador tenha consciência dos objetivos educacionais quanto ao processo de resolução de problemas e não apenas meramente na transmissão de conteúdos.

Nesse sentido, o professor deve ser o mediador, o facilitador (não no sentido de simplificação), para que o aluno seja capaz de, a partir de um posicionamento ativo, construir significados em situações didáticas específicas. Essas orientações também podem ser encontradas nos Parâmetros Curriculares Nacionais, de 1ª a 4ª série do ciclo I (BRASIL, 1997).

A emergência desse resgate do aprender a aprender se deve às profundas mudanças na sociedade diante da ordem capitalista e da mundialização do capital. Nesse contexto, o aprender a aprender é alçado a questão central para uma educação que se pressupõe democrática. Sobre esse aspecto, nosso sistema educacional tem enfrentado grandes dificuldades para desenvolver no educando essa capacidade, o que fica evidente nos conteúdos de noticiários sobre educação e de pesquisas educacionais a respeito da efetividade da instituição escolar na formação cidadã de seu povo.

Outro aspecto educacional de demanda emergente é a resolução de problemas. Essa questão surgiu na modernização da educação, a partir da concepção de que o desenvolvimento do ser humano é resultado de experiências; logo, os sujeitos precisam participar de um ambiente educacional organizado em termos de experiência e, para isso, o ensino-aprendizagem baseado na resolução de problemas passou a ser enfatizado e almejado, em razão de o aprender ser considerado como aprender a aprender (DEWEY, 1976).

Para essa abordagem didática, o primeiro passo a ser considerado é a observação da realidade social. Essa observação permitirá aos alunos a identificação de carências, discrepâncias, para, então, isso ser transformado em problema a ser resolvido.

A segunda etapa consiste em identificar possíveis causas do problema identificado. Esperamos, nessa etapa, que os alunos percebam a complexidade dos problemas e, a partir dessa constatação, identifiquem questões essenciais para serem estudadas, questões para serem respondidas.

A seguir, os alunos devem buscar informações a respeito do problema e sistematizá-las, considerando os pontos-chave identificados anteriormente.

Na próxima etapa, devem pensar nas hipóteses de resolução do problema apontado, cujo estudo deverá ser caracterizado pela criticidade dos alunos. Por fim, eles devem pensar na aplicação à realidade.

Essa metodologia visa ao desenvolvimento de um saber processual para a resolução de um problema social, o que prepara o aluno para a intervenção e transformação de seu meio de modo intencional, atendendo aos preceitos contemporâneos de educação, em razão de abordar o eixo reflexão, ação e reflexão, ou a relação teoria-prática. Esse processo de trabalho privilegia o desenvolvimento de aspectos cognitivos, ao mesmo tempo que contempla saberes específicos de determinada área do conhecimento, inclusive trabalhando de maneira integrada as disciplinas necessárias para a explicação do problema identificado, além de enfatizar o papel ativo do aluno em todas as etapas acima descritas, de forma que elas não sejam meramente informativas, de recebimento de informações prontas.

Outro tema que recentemente tem recebido atenção, tanto dos meios acadêmicos quanto dos empresariais, é a questão da competência, que originalmente emergiu para o debate na década de 1970.

> *ATENÇÃO! A título de exemplo de competência, podemos mencionar o ato de dirigir um veículo, em que o motorista precisa demonstrar várias habilidades (trocar a marcha, usar os pedais, dirigir, observar os retrovisores, entre outras) que compõem sua capacidade de dirigir.*

Competência significa o conjunto de conhecimentos suficientes para a realização de determinada tarefa, corresponde a um saber agir reconhecido que implica a mobilização e utilização de conhecimentos, habilidades, e que agrega valor econômico às organizações e valor social para o sujeito, trabalhador. Fleury e Fleury (2001) identificam as seguintes características em relação a competências para o profissional: saber agir, saber mobilizar recursos, saber comunicar, saber aprender, saber engajar-se e comprometer-se, saber assumir responsabilidades e ter visão estratégica.

A competência distancia-se de aptidão (percebida como talento natural da pessoa) e aproxima-se de habilidade, haja vista que habilidade refere-se à demonstração de um conhecimento particular (MIRABILE, 1997). Habilidades, então, são conhecimentos específicos que compõem um conjunto de conhecimentos necessários para a realização de uma determinada tarefa. Esse conjunto de conhecimentos, habilidades e atitudes é denominado competência.

Essa abordagem de ensino-aprendizagem mantém uma relação muito próxima com o construtivismo, de maneira que as situações de aprendizagem precisam ser vivenciadas pelos educandos, com abordagem de múltiplas interpretações da realidade, e deve ser privilegiado o processo de construção do conhecimento. Nesse cenário, situações-problema fornecem meios para o desenvolvimento de competências e habilidades, além de permitirem a superação de obstáculos e estimularem a atividade cognitiva.

A competência está relacionada à tarefa e, de maneira específica, a um conjunto de tarefas relacionadas a um cargo exercido por um indivíduo em uma organização. Também está relacionada à pessoa, sua formação educacional e suas experiências profissionais. Isso explica por que tantas organizações buscam assiduamente por profissionais com combinações de capacidades complexas, ou, ainda, buscam desenvolvê-las, elas mesmas, nos indivíduos.

Esse cenário aponta desafios educacionais tanto para a educação institucionalizada e formal (em termos de currículo, metodologias e abordagens de ensino, o que guarda relação muito próxima com outras questões contemporâneas já apresentadas, como aprender a aprender e resolução de problemas) quanto para instituições de educação não formal, cujos temas serão desenvolvidos mais adiante.

O construtivismo defendeu princípios muito próximos da concepção defendida pelo movimento escolanovista e, em razão disso, ele está muito presente no cotidiano de educadores, em razão de estar vinculado a muitos documentos governamentais para a área da educação, assim como a materiais didáticos.

> *PARA SABER MAIS! Recomendamos a leitura de uma entrevista concedida por Mario Carretero, em que se discute a questão dos métodos de ensino. Disponível em: <http://revistaeducacao.uol.com.br/textos/160/artigo234813-1.asp>. Acesso em: 8 mar. 2015.*

Como percebemos, são inúmeros os métodos e modelos de educação utilizados para o desenvolvimento de capacidades nos educandos. Em razão disso, não há um método que seja plenamente eficaz. É importante que o educador conheça métodos diferenciados para que possa escolher, conscientemente, o mais adequado para o cumprimento de objetivos educacionais específicos. Vale ressaltar que o processo de ensino-aprendizagem é influenciado pelas diretrizes educacionais estatais e institucionais, pela pessoa do educador, pelos saberes necessários a serem ensinados e aprendidos, e por materiais e instrumentos para o ensino (VARELA; MOTA, 2011).

Glossário

Educação – É o processo de ensinar e aprender. Na contemporaneidade, está relacionada a uma educação pública e universal como função do Estado e voltada a interesses comuns, da sociedade, e não a interesses políticos de seu agente.

Aprender a aprender – Defende a ideia de que as aprendizagens realizadas pelo educando no ato educacional são mais desejáveis do que aquelas realizadas por ele a partir da transmissão de conteúdos.

Behaviorismo – É também conhecido como comportamentalismo e refere-se a uma abordagem psicológica que surgiu no início do século XX. Concebe o ambiente como determinante e condicionante do comportamento humano.

Competência – Conjunto de conhecimentos necessários para a realização de determinada tarefa, corresponde a um saber agir reconhecido que implica a mobilização e utilização de conhecimentos, habilidades, e que agrega valor econômico às organizações e valor social para o sujeito, o trabalhador.

Construtivismo – É uma abordagem da psicologia que considera o aluno um sujeito histórico e ativo no processo de ensino-aprendizagem, com uma participação ativa e responsável por seu próprio processo de formação.

Currículo escolar – É um instrumento que norteia a instituição de ensino e seus agentes em relação às práticas educativas; um currículo contemporâneo deve abordar questões que propiciem ao educando um bom desempenho no mundo imediato, habilidade de criticar e experimentar formas diferentes de cultura, capacidade de autorreflexão, compreensão do entorno social, assim como aprender a aprender.

Educação inclusiva – Conjunto de práticas pedagógicas que pressupõe uma escola universal, que visa atender a todos, com toda a sua heterogeneidade de ser e de aprender.

Escola nova – É modelo educacional em que o professor é o facilitador da aprendizagem e os conteúdos ganham significação; o aluno passa a ser agente ativo, criativo e participativo no ensino-aprendizagem.

Fins da educação – Correspondem ao pleno desenvolvimento humano, ao preparo para o exercício da cidadania e à qualificação para o trabalho.

Gestalt – É uma corrente psicológica surgida nos anos 1970 e baseada na percepção, na interpretação dos estímulos por meio de *insights*.

Globalização – É uma forma específica de relação entre Estados-Nação e a economia mundial. São interconexões entre nações, continentes ou regiões, criando-se interdependências em diversas áreas, como política, cultura, economia, tecnologia, entre tantas outras.

Habilidades – São conhecimentos específicos que compõem um conjunto de conhecimentos necessários para a realização de determinada tarefa.

Humanismo – É uma corrente da psicologia que surgiu em meados de 1950 e apresenta uma visão otimista do homem, crença na sua capacidade e possibilidade de desenvolvimento, com ênfase nos aspectos afetivos e existenciais, refutando o behaviorismo e sua relação entre o homem e a máquina, bem como as influências condicionantes do mundo externo e, portanto, seu condicionamento.

Mediação – É um sistema de transformação do meio a partir da ajuda/mediação de um sujeito. Pressupõe ajudar outro a realizar uma atividade que sem essa ajuda ele não seria capaz de realizar.

Necessidades especiais – São necessidades educacionais de alunos com dificuldades acentuadas de aprendizagem, em razão ou não de causa orgânica, ou que evidenciem dificuldades de comunicação ou altas habilidades.

Novos modelos educacionais – Propõem o desenvolvimento de competências globais, com impacto direto nos currículos educacionais; isso implica dizer que o educando precisa pensar nos problemas globais do mundo, mas sem esquecer as questões regionais, locais.

Pedagogia tradicional – É uma concepção de educação que percebe a escola como instituição social cuja finalidade é educar as pessoas de todas as classes sociais, tem o professor como centro do processo de ensino-aprendizagem e o aluno como um ser passivo, que apenas recebe conteúdos e não tem independência cognitiva.

Psicanálise – É uma corrente psicológica, do início do século XX, que se refere a conhecimentos sistematizados sobre o funcionamento da vida psíquica do ser humano.

Reforço – É um dos aspectos do behaviorismo e é considerado uma ação que legitima um comportamento, que pode ser positiva ou negativa.

Resolução de problemas – É uma abordagem construtivista que propõe que o desenvolvimento do ser humano é resultado de experiências, e que, portanto, os sujeitos devem participar de um ambiente educacional organizado em termos de experiência.

Zona proximal de desenvolvimento – É compreendida como a distância entre o nível real de desenvolvimento e o nível de desenvolvimento potencial do sujeito.

CAPÍTULO 4
EDUCAÇÃO FORMAL, NÃO FORMAL, INFORMAL E SEUS ASPECTOS BIOSSOCIAIS

1. Educação formal e não formal, 72

2. Aspectos biossociais da educação, 83

Glossário, 87

1. Educação formal e não formal

Já abordamos neste curso a relação entre educação e democracia, com a defesa de que aprender é um direito constitucional de nosso Estado. Nessa discussão, trouxemos à tona a universalização da educação e, também, a educação de qualidade, questões que visam à formação plena e cidadã de uma sociedade.

Também já foi abordada, por outro lado, a influência da globalização na educação e a consequente mercantilização dessa área. Isso significa que o Estado está abrindo mão dessa responsabilidade e criando espaços e oportunidades para a iniciativa privada. Com essa atitude, deduz-se que, muitas vezes, só poderão ter acesso à educação formal quem tiver poder aquisitivo para custear essa instrução.

Pretendemos, nesta seção, discutir os aspectos da educação formal e da educação não formal.

Gostaríamos de iniciar essa discussão partindo da premissa de que toda educação é formal em razão de sua intenção; entretanto, em função dos espaços em que ela se desenvolve, pode ser classificada como formal ou não formal, devido, por exemplo, a aspectos hierárquicos e burocráticos que estão relacionados a ela.

Educação formal

A **educação formal** é caracterizada por objetivos claros e específicos desenvolvidos por escolas e instituições de ensino superior. Além disso, outra característica

Ambiente formal de aprendizagem.

dessa modalidade de educação reside na sua forma de organização: diretrizes educacionais estatais ou privadas em relação ao currículo e apoio de órgãos fiscalizadores do Ministério da Educação.

Esses espaços institucionalizados são caracterizados pela sua formalidade e sequencialidade.

Essa modalidade de educação pode ser compreendida, também, como um sistema educacional associado a várias etapas de desenvolvimento, com requisitos para ingresso, além de avaliação sistemática e periódica sobre os conteúdos/práticas sociais tomados como objeto de ensino-aprendizagem, organizados em disciplinas por áreas do conhecimento. Cada disciplina é associada a um currículo elaborado, geralmente, com base em diretrizes do Estado, atreladas às particularidades de cada instituição (seja pública ou privada).

Soma-se a isso a questão da obrigatoriedade da educação que, no caso brasileiro, vai até o segundo ciclo do ensino fundamental. Cumpre esclarecer que, embora o ensino médio não seja obrigatório, é dever do Estado sua oferta, em uma perspectiva de acesso para aqueles que o desejarem (BRASIL, 1997).

Durante o percurso desta disciplina, a educação formal tem sido enfoque das mais variadas abordagens: em termos históricos, sistemáticos, ideológicos, entre outros. Entretanto, já compreendemos a necessidade de formação permanente e, ainda, que o desenvolvimento de competências e habilidades pode se dar em diferentes contextos de aprendizagem, tanto formais quanto não formais. Por essa razão, é importante que pensemos um pouco mais a respeito dessa função desenvolvida em contextos não formais de aprendizagem.

Educação não formal

A educação não formal emergiu da educação popular, pelo fato de ter havido, com as conquistas democráticas, uma fragmentação da educação popular. Assim, uma parte dela foi incorporada pelo Estado, em suas políticas públicas (por exemplo, com financiamento e até a assunção do interesse em promover essa vertente da educação), e a outra continuou em forma de educação não formal, diluída sob o interesse e responsabilidade, muitas vezes, de agentes voluntários (GADOTTI, 2000).

Entendemos por **educação não formal** toda atividade com fins educacionais que seja organizada e sistematizada e que seja executada fora do ambiente formal de educação, que vise a oferecer formação específica a subgrupos da população (LA BELLE, 1986). Trata-se de uma educação oposta à educação formal.

A educação não formal é menos burocratizada. Pode ter duração mais flexível, assim como estender-se por toda a vida, por todo o processo de socialização do ser humano. Pode, ainda, conceder ou não certificados de conclusão, e é oferecida em espaços mais informais. Além disso, é pautada por aspectos de solidariedade, de interesses comuns.

Instituições como igrejas, associações de bairro, empresas, sindicatos, apenas para exemplificar, são espaços de educação não formal e, portanto, caracterizados como desburocratizados, com cursos que atendem a grupos sociais pequenos em relação a um conteúdo e uma formação específica. A educação não formal é marcada, também, pela flexibilização e descontinuidade.

Existem também as ONG, que oferecem educação não formal (tratamos dessas instituições quando abordamos a questão da educação social). Em geral, educação não formal é considerada a educação que todo sujeito tem durante seu processo de socialização, mas desenvolvida por outros agentes socializadores que não a escola.

Essa modalidade de educação está muito relacionada à questão da formação cidadã do educando e à participação em atividades grupais, além de proporcionar formação específica para o trabalho.

Um aspecto interessante a respeito dessa modalidade de educação (não formal) refere-se às TIC. Elas têm oferecido à população possibilidades diversas de formação. A cada dia, percebemos mais e mais ofertas de conteúdos e de formação específica, nas mais diversas áreas possíveis. Pessoas podem acessar de sua casa, ou de qualquer lugar, a partir de um *smartphone* ou *tablet*, conteúdos e informações. A partir disso podemos perceber a importância da educação não formal. Além disso, há inúmeras instituições que oferecem cursos a distância sobre os mais diversos assuntos. Tudo isso em ambientes não burocratizados e não formais.

O ciberespaço rompeu com a questão temporal e espacial ao proporcionar acesso de difusão e reconstrução de conhecimentos. A aprendizagem, agora, se dá em qualquer lugar. As consequências disso para a educação formal, assim como para outras modalidades da educação, são enormes (como discutimos em outra passagem deste curso).

Enquanto na educação formal o agente do processo de construção do saber é o professor, na educação não formal esse agente é o outro. Esse outro pode ser um sindicato, uma associação de bairro, uma empresa etc. Na educação não formal, o local onde se educa pode variar. Na educação formal isso é bastante claro: o local onde se educa limita-se às escolas e às instituições de ensino superior.

A educação formal é realizada em ambientes normatizados; a não formal, em situações mais espontâneas. A educação formal visa desenvolver, nos educandos, conhecimentos de forma sistematizada e organizada; a educação não formal desenvolve atitudes, comportamentos, valores, posturas, cujos objetivos, muitas vezes, não são definidos a priori, mas construídos no processo educativo. Enquanto na educação formal o processo de construção de conhecimento ocorre de maneira metódica, na educação não formal o conhecimento é produzido a partir da reprodução de experiências de acordo com os critérios com que foram apreendidas.

A essa altura, vale retomar a educação social, já discutida em outra passagem do curso, para compará-la com a educação não formal. A educação social está associada com a formação, geralmente, de grupos sociais marginalizados e, então, esse meio de educação visa integrar essas pessoas na sociedade, via mercado de trabalho, por exemplo. A educação não formal é voltada para todo ser humano, e não apenas para grupos excluídos.

Diante desse cenário, Gadotti (2005) afirma que não podemos estabelecer fronteiras rígidas entre educação formal e não formal, de maneira que os currículos atuais, centrados em práticas sociais, estabelecem relação entre o formal e o informal da sociedade. A escola deve ser o espelho da sociedade e, portanto, seu currículo deve englobar questões científicas, conhecimentos sobre a humanidade e comunidades, a conscientização e a humanização. Em resumo, pressupõe-se educação como um processo dinâmico, interativo, complexo e criativo (GADOTTI, 2005). Além disso, a educação não formal deve complementar a educação formal, institucionalizada, para que, juntas, propiciem a formação plena e tão desejada do cidadão.

A aprendizagem via educação não formal, muitas vezes, vai ao encontro de competências e habilidades necessárias para o mercado de trabalho, especificamente em relação aos empregadores. Em uma economia cada vez mais globalizada, integrada e complexa, o mercado corporativo busca profissionais multiculturais, capazes de resolver problemas muito específicos e que, muitas vezes, a educação formal não

Ambiente não formal de aprendizagem.

consegue desenvolver. A educação não formal, aplicada, por exemplo, em contextos empresariais, busca preencher essa lacuna.

A **educação corporativa** nasce de programas de treinamento e desenvolvimento expandidos no início do século XX, em cuja concepção imaginava-se existir uma única maneira de realizar uma tarefa. Essa técnica estava relacionada ao ensino de manuseio de máquinas e equipamentos (CRUZ, 2008). Todavia, a sociedade do conhecimento, diante da dificuldade de criação de fronteiras – econômicas, culturais, políticas etc. –, passou a exigir um profissional com características mais amplas e cada vez mais intelectualizadas e com reciclagem constante. A educação corporativa quis suprir parte dessa demanda.

Dentro desse cenário, a formação contínua do profissional passou a ser absolutamente necessária, em razão da dinâmica do conhecimento.

Essa modalidade de educação é também conhecida como **universidade corporativa**, cujos objetivos são o de alinhar a educação dos colaboradores de uma organização à sua especificidade de negócio e, consequentemente, ampliar o desenvolvimento e crescimento da empresa. Dessa maneira, a aprendizagem organizacional configura-se como instrumento de vantagem competitiva. A universidade corporativa refere-se a espaços internos empresariais direcionados para a educação de seu corpo de funcionários, com vistas a aprimorar seu modelo de negócio e a transmitir conhecimentos específicos.

Muitas empresas dialogam com universidades na intenção de buscar conhecimento necessário para alavancar ou dinamizar seus negócios; entretanto, muitas vezes esbarram na velha dicotomia teoria e prática ou, ainda, em questões burocráticas. Diante disso, a educação corporativa busca atender a objetivos mais específicos em relação a determinado conhecimento e, para isso, os líderes desse processo acabam sendo os multiplicadores do conhecimento dentro das instituições.

De acordo com Meister (1999), existem sete competências fundamentais no ambiente de negócios, e que melhoram substancialmente a empregabilidade do sujeito:

Competências fundamentais no ambiente de negócios

1.	Aprender a aprender
2.	Comunicação e colaboração
3.	Raciocínio criativo e resolução de problemas
4.	Conhecimento tecnológico
5.	Conhecimento de negócios globais
6.	Desenvolvimento de lideranças
7.	Autogerenciamento de carreiras

Fonte: Elaborado pelo autor.

É importante chamarmos a atenção para essas competências, em razão de termos abordado todas elas ao longo deste livro (seja de modo implícito ou explícito), mas sob o enfoque da educação formal. A educação corporativa, uma forma de educação não formal, além dessas competências, busca desenvolver outras, mais alinhadas com um tipo de negócio específico. Isso nos permite concluir que parte da necessidade de proporcionar esse aprendizado decorre de ineficiência do Estado em formar sujeitos aptos para o desenvolvimento de atividades alinhadas com a sociedade do conhecimento; a outra parte está mais relacionada a um conhecimento muito particular, que é necessidade de uma instituição ou instituições específicas e, portanto, elas mesmas devem promover esse conhecimento.

Educação de adultos.

Educação não formal e a educação de jovens e adultos

De acordo com Pinto (2005), tanto no discurso político quanto na produção acadêmica, a expressão *educação não formal* parece não ser muito utilizada, sendo preferidas expressões como educação de adultos, educação comunitária, entre outras.

No Brasil, por exemplo, a história da educação de jovens e adultos tem se constituído a partir de uma relação entre Estado, fatores econômicos, ideológicos, políticos e sociais, e instituições não governamentais e sociais (SAMPAIO, 2009). Essa relação é marcada por questões de domínio e humilhação da elite sobre as classes populares e, portanto, trata-se de uma relação de conquistadores e conquistados, que já nasce nos idos de 1500.

Esse caráter de humilhação pode ser percebido na própria abordagem da educação para este seguimento da sociedade (jovens e adultos) quando caracterizado como uma educação supletiva, compensatória. Freire (1983) advoga que os adultos analfabetos, oprimidos na sua concepção, hospedam o opressor, no sentido de carregar com eles a cultura da dominação.

PARA SABER MAIS! Recomendamos a leitura de um artigo que aborda questões relacionadas à educação de jovens e adultos, disponível em: <http://periodicos.uesb.br/index.php/praxis/article/view/241/253>. Acesso em: 15 mar. 2015.

Para compreendermos o contexto em que emergiu essa necessidade específica de educação, é preciso voltar nossos olhos para a década de 1930, período em que a burguesia industrial estava em plena ascensão no Brasil. Isso, associado ao fenômeno da urbanização, provocou movimentos migratórios para as grandes cidades e os polos industriais, assim como necessidade de mão de obra para essa modalidade de trabalho.

Para atender a essa demanda do Estado, imposta pelas necessidades do capital, a sociedade organizou-se em termos de fornecer educação popular não formal para jovens e adultos analfabetos, mas de caráter voluntário, sem qualificação para uma ação pedagógica efetiva.

Se considerarmos, por exemplo, o período do Brasil Império, essas ações eram de caridade, de princípio missionário (que retomava a educação de catequese, da época das missões jesuíticas) e caridoso. Isso também ajuda a compreender a dimensão histórica de humilhação e segregação de analfabetos no Brasil. Mais tarde, a questão da humilhação seria ainda mais intensa, ao não ser concedido aos analfabetos o direito de voto. O cenário do analfabetismo brasileiro chega ao seu ápice em 1920, com 72% de pessoas analfabetas.

Vale destacar que o Estado, muitas vezes, esteve por trás de ações educativas voltadas a esse grupo, por meio de financiamentos ou gerindo ações pedagógicas para a alfabetização, embora essas ações não fossem (e ainda não são) suficientes para atingir sua finalidade.

Nos anos 1960, ocorre uma grande mobilização social pela educação de adultos, que envolve vários movimentos sociais, como a Confederação Nacional dos Bispos do Brasil – CNBB, o Movimento de Cultura Popular do Recife, os Centros Populares de Cultura, a Campanha de Pé no Chão Também se Aprende a Ler (STRELHOW, 2010), entre tantos outros de caráter não formal, fortemente influenciados pela pedagogia freireana.

Nos anos 1990, o projeto Mova Brasil ganha destaque em programas de alfabetização, muitas vezes desenvolvidos em espaços corporativos, como forma de reduzir o número de analfabetos e proporcionar formação cidadã para essa população. Nesse período, organizações não governamentais assumem também um papel de relevância nesse segmento educacional de caráter popular voltado a comunidades.

Como já enfatizamos, em relação à alfabetização de adultos, a pedagogia freireana foi um aspecto balizador a partir da década de 1960, em razão de propor um ensino contextualizado e afinado com as necessidades e expectativas dessa população em específico.

Pela discussão apresentada em relação a uma forma de atuação em educação não formal, podemos perceber sua importância no contexto brasileiro. Já abordamos, em outro momento do curso, a questão das instituições socializadoras. Voltemos a elas agora, entretanto sob o enfoque informal de educação.

Educação informal

Todo aprendizado que ocorre mais ou menos espontaneamente no meio social em que vivemos pode ser atribuído à **educação informal**. As experiências adquiridas por uma pessoa ao ler um livro, ao assistir a um telejornal, a uma peça de teatro, a uma telenovela, a um filme no cinema ou na televisão, ou em uma conversa entre amigos, entre tantas outras situações, são provenientes de educação informal. A própria cidade é uma instituição formadora informal, marcada por sua descontinuidade, informalidade e eventualidade.

Isso implica dizer que a educação informal não é, necessariamente, organizada, orientada ou, ainda, sistematizada especificamente com o fim de educar.

A aprendizagem informal é resultado de um processo de educação promovido no meio social, desenvolvido nos mais diversos contextos e situações, e é complementar à aprendizagem formal e também à não formal.

A diferença entre a educação não formal e a informal reside no fato de que a primeira se refere à atividade educacional desenvolvida fora do âmbito da escola, tal

Mídia e a educação informal.

qual a conhecemos, mas opera-se em ambientes não escolares, embora seja organizada, sistematizada e possua fins determinados.

Já a educação informal não tem uma finalidade consciente e específica, embora isso ocorra, mas de maneira espontânea, nos mais diversos espaços – como vimos, em uma conversa entre amigos, na leitura de um jornal, entre outros.

Nessa pluralidade dos meios de educação, gostaríamos de chamar a atenção para os meios de comunicação como formas de educação informal.

A mídia exerce influência muito marcante na construção da **primeira cultura**, sobretudo na da criança, embora seja responsável, também, pela informação da sociedade.

ATENÇÃO! A primeira cultura é a que adquirimos antes mesmo da escolarização. Refere-se à cultura adquirida no meio social em que a criança circula, pela formação não metódica e não sistemática.

Se pensarmos no caso brasileiro, por exemplo, a televisão é o veículo de comunicação de maior alcance nacional, seguida pelo rádio.

Dados recentemente divulgados pela Pesquisa Brasileira de Mídia, cujo objetivo foi o de mapear o consumo midiático dos brasileiros, apontam que 95% dessa população possui TV e que, desse percentual, 75% assiste à televisão todos os dias (BRASIL, 2014). Além disso, quando os dados da pesquisa atual são comparados com os da pesquisa anterior, constata-se que os brasileiros passaram a assistir mais à televisão.

Quanto ao uso do rádio como meio de informação, a pesquisa indicou que 55% dos brasileiros ouvem rádio, embora tenha havido uma diminuição em relação à pesquisa anterior, que indicava um índice de 61%.

Em relação à internet, 43,1% dos domicílios brasileiros estão conectados à rede mundial de computadores, o que representa um crescimento importante se compararmos com os resultados apurados em 2008 (23,8%) e 2012 (40,3%) (BRASIL, 2014).

A pesquisa também mapeou os interesses dos brasileiros em relação a ambientes virtuais.

Sites mais acessados por brasileiros	
Site	Endereço
1. Facebook	www.facebook.com
2. Globo	www.globo.com
3. G1	www.g1.globo.com
4. Yahoo!	www.yahoo.com.br
5. YouTube	www.youtube.com

6. UOL	www.uol.com.br
7. R7	www.r7.com
8. MSN	www.msn.com
9. Terra	www.terra.com.br
10. IG	www.ig.com.br

Fonte: Elaborado pelo autor.

Primeiramente, pensemos a respeito da influência da televisão na criança e no adulto (já que é o meio de comunicação com maior alcance no território nacional). Sob uma perspectiva otimista, a criança sente-se conectada ao mundo por esse meio de comunicação e por isso sente satisfação nessa atividade, a partir da integração das múltiplas linguagens como instrumentos de comunicação de massa. Nesse sentido, tanto as crianças quanto os adultos buscam na televisão um meio de satisfação, via entretenimento e informação.

Nesse cenário, é função do educador reconhecer a mídia como meio de educação informal e trazer para a sala de aula questões relacionadas à forma como esse meio de comunicação apresenta o mundo, ou, ainda, um mundo em particular (considerando que há tantas maneiras de interpretar a realidade). É importante reconhecer que a mídia molda nossa percepção sobre o mundo e, portanto, isso deve ser objeto de ensino-aprendizagem, diga-se, sempre associados com os objetivos educacionais.

ATENÇÃO! Fato noticioso refere-se à construção noticiosa de um fato, ou seja, é a abordagem que a mídia faz de algo que aconteceu, de modo que possa vender a informação – considerando que um fato por si só não é vendável, mas o caráter noticioso que se atribui a ele é.

Vale ressaltar que, por exemplo, no caso de telejornais, desde a escolha do que é notícia (entre tantas possibilidades) até o fato noticioso, estão envolvidos muitos posicionamentos ideológicos da instituição que detém o canal de comunicação e, portanto, a abordagem dada para uma notícia em um veículo de comunicação pode ser diferente daquela veiculada por outro meio. Isso implica dizer que o que a mídia nos mostra é uma mediação, uma representação da realidade, e não a realidade em si.

PARA SABER MAIS! Recomendamos a leitura do artigo "A representação da mulher na imprensa popular: o caso do expresso popular", que aborda a questão da da mulher na imprensa popular. Disponível em: <http://www.periodicos.ufes.br/percursos/article/download/7969/5691>. Acesso em: 16 mar. 2015.

Para Gadotti (2000), a televisão pode esquematizar e simplificar fenômenos de maneira a mistificar ou banalizar uma cultura, ideias, assim como pode também estereotipar o negro, o judeu, o operário, o pobre, o homossexual, a mulher etc.

É por essa razão, entre outras, que defendemos uma integração da educação e repudiamos o caráter de competitividade entre educação formal, não formal e informal, haja vista que todas as formas de educação são legítimas na formação do indivíduo.

Chamamos atenção para o papel que a televisão exerce nesse processo. Por essa razão, a escola, como instituição de ensino, caracterizada pela sistematização e organização de culturas, deve trazer para a discussão em seu ambiente formal práticas sociais, inclusive a televisão, embora faça tão pouco isso.

Nesse sentido, a escola deve abordar mais a televisão e seus conteúdos, assim como outros meios de comunicação, não com a intenção de proibir um ou outro, mas de incentivar uma postura crítica diante de informações veiculadas nesses meios. Afinal, a mídia tem papel decisivo, por exemplo, no campo político, pois pode definir os rumos do país a partir da criação de um fato noticioso; e na criação de padrões estéticos, quando jovens e adolescentes são influenciados em relação a um padrão tido como o ideal, em termos de corpo e beleza.

Em relação ao rádio como meio de comunicação informal que também educa, vale ressaltar que muitas empresas que detêm a concessão de um canal de televisão também detêm a concessão de radiodifusão, o que pode enfatizar um fato noticioso e/ou mesmo uma ideologia massificante em mais de um meio de comunicação.

Esse raciocínio também aplica-se a empresas que atuam na rede mundial de computadores. Por exemplo, os sites Globo.com e G1 (indicados, respectivamente, como o segundo e o terceiro mais acessados) pertencem às organizações Globo, que também atuam no meio de radiodifusão. Isso significa que essa empresa de comunicação tem grande alcance nos lares brasileiros e que, consequentemente, influencia na educação informal da população do país, apresentando realidades construídas a partir de seu ponto de vista.

A educação informal e a não formal, embora exerçam papel importante na formação do sujeito, muitas vezes ainda carecem de reconhecimento e legitimação apropriados, uma vez que o conhecimento escolar ainda é o mais valorizado.

Essa discussão, sobretudo a partir dos anos 2000, na Europa, ganhou proporções mundiais em razão do reconhecimento da educação não formal como importante instrumento educacional. Para atingir com eficácia sua funcionalidade, é preciso pensar em questões como a qualificação desses; a qualidade da aprendizagem proporcionada por esses agentes, assim como o monitoramento e avaliação dessas aprendizagens desenvolvidas por instituições não formais de educação.

Esse posicionamento demonstra uma preocupação em valorizar toda espécie de conhecimentos e competências do ser humano, independentemente do local em que foram proporcionados. Essa validação da educação não formal deve encontrar respaldo também em espaços de educação formal.

A escola precisa ter a percepção de que o aluno é resultado de seu processo histórico e, portanto, é resultado também de experiências externas ao ambiente escolar. Freire (1997) afirma que a leitura de mundo precede a leitura da palavra. Isso oferece a percepção da importância da educação não formal na constituição do sujeito – afinal, vivemos em uma sociedade pedagógica, no sentido de afirmar que o conhecimento é construído em todas as instâncias da sociedade.

De acordo com a Unesco (1992), a experiência do cotidiano é produto de uma dialética mais ampla, em razão de ser um processo de apropriação particular, pessoal, do conhecimento. Esse conhecimento não formal associa-se ao conhecimento formal e, juntos, eles colaboram para o desenvolvimento de capacidades inatas, mas também para a aquisição de novas competências, que podem ser do âmbito cultural, laboral ou da cidadania.

2. Aspectos biossociais da educação

A aprendizagem está relacionada a diversos fatores que se influenciam mutuamente e que se manifestam por questões internas e externas ao sujeito.

A estrutura cognitiva é uma dessas questões internas, mas que mantém uma relação de diálogo muito próxima de questões externas, sociais, e, portanto, é um dos fatores que devem ser considerados na aprendizagem.

Fatores biológicos influenciam no desenvolvimento da atividade psíquica. Por exemplo, uma criança com síndrome de Down tem sua inteligência afetada em razão de problemas nos cromossomos (aspecto biológico).

Ausubel, Novak e Hanesian (1980) afirmam que o sujeito que teve uma estrutura cognitiva bem desenvolvida, durante seu processo de socialização, tem muito mais chance de juntar novos conhecimentos aos já adquiridos. O professor precisa estar consciente disso e pensar em metodologias e abordagens que tratem o objeto de ensino de forma racional, sistemática e sequencial, para proporcionar um ambiente favorável à construção de novos conhecimentos.

Fatores sociais também influenciam a aprendizagem. Se pensarmos a escola como lugar de interação das pessoas, pensamos nas relações que se estabelecem – entre aluno e aluno, professor e aluno, aluno e professor; portanto, as relações interpessoais influenciam o ambiente, que influenciam a aprendizagem, contribuindo de forma decisiva para esse processo. Além da escola como espaço social que influencia a aprendizagem do aluno, o entorno social também é um fator importante a ser considerado. Por entorno social compreendemos a família, os amigos, o *status* socioeconômico, a mídia de massa, entre outros.

Já no início de vida de uma criança, ela vivencia aspectos em seu cotidiano que podem favorecer positiva ou negativamente sua capacidade social. Dificuldades interpessoais, por exemplo, podem influenciar a ocorrência de condutas inadequadas, causando problemas de socialização, integração e, consequentemente, em termos educacionais, provocar o fracasso escolar. Mais tarde, na adolescência, esses problemas podem ser acentuados até chegar ao nível de delinquência, gerando problemas sérios de relacionamento e institucionalização (BANDEIRA et al., 2006).

Esses problemas de comportamento podem ser categorizados de duas formas: externalizantes e internalizantes. Os problemas externalizantes manifestam-se na relação com o outro e, geralmente, em termos de agressividade física ou verbal, comportamentos desafiantes, condutas antissociais e até comportamentos associados ao uso de substâncias psicoativas, enquanto os internalizantes manifestam-se em relação ao próprio indivíduo, como depressão, isolamento social, ansiedade e fobia social (DEL PRETTE; DEL PRETTE, 2003).

Esses comportamentos problemáticos têm sido associados a estilos de educação familiar adotados em relação à criança, como bem apontam estudos de Maggi e Piccinini (1998), Oliveira et al. (2002) e Ferreira e Marturano (2002), entre tantos outros que atestaram essa questão, o que prova que os aspectos sociais influenciam diretamente na educação.

De acordo com Marturano e Loureiro (2003), em crianças que têm sido relacionadas a queixas escolares foi observada alta influência de comportamentos problemáticos externalizantes, assim como altos índices de influências internalizantes. Ainda sobre essa questão, em estudo realizado por Baraldi e Silvares (2003), em uma escola clínica da USP, a agressividade de crianças foi a segunda reclamação mais frequente.

> *ATENÇÃO! Habilidades sociais são comportamentos que o sujeito precisa ter para viver em sociedade e, portanto, ser competente socialmente.*

A importância desses estudos refere-se à observação de que há correlação entre comportamentos problemáticos e dificuldades de aprendizagem. Sobre esse aspecto, estudiosos consideram duas consequências.

A primeira delas diz respeito às influências que esse comportamento problemático pode ter em problemas de aprendizagem, em razão de dificuldades na memória, na atenção e também no humor do aluno; a segunda indica que uma criança que já apresenta problemas de aprendizagem pode vir a ter problemas de comportamento, e então ela atribuirá esse fracasso não para ela mesma, mas para os pais, professores, sempre para o outro (BANDEIRA et al., 2006).

Diversos estudos indicam que crianças com baixo desempenho escolar possuem problemas de comportamento, muitas vezes identificados como déficit de habilidades e **comportamentos sociais**.

Comportamentos sociais são conhecimentos não técnicos ou de aplicação prática que o sujeito adquire ao longo de sua vida em suas relações sociais cotidianas e também em ambiente corporativo; ou seja, comportamentos sociais são adquiridos no processo de socialização. As habilidades sociais são aspectos que contribuem preventivamente para o não desencadeamento de comportamentos problemáticos. Isso significa dizer que quanto melhor e mais eficaz a socialização do sujeito, menos problemas comportamentais e antissociais ele terá e, por consequência, se pensarmos na criança, ela poderá não ter problemas de aprendizagem e de comportamento. Isso implica retomar uma discussão feita em outra oportunidade deste curso, quando tratamos da importância das instituições socializadoras.

Esses comportamentos sociais podem ser medidos por indicadores como *status* social da criança, avaliação positiva e confirmadora de seu comportamento, desempenho acadêmico, independência e cooperação, entre outros (DEL PRETTE; DEL PRETTE, 2003), e podem ser potencializados pelos contextos sociais em que a criança circula.

Questões como infraestrutura do local onde vive a criança, atividades de recreação e estimulação de pais e professores aumentam a frequência de interações sociais e influenciam o desenvolvimento de comportamentos adequados socialmente. Da mesma forma, eventos como divórcio, moradia em bairros violentos, problemas familiares, uso de drogas na família, entre outros, influenciam negativamente o desenvolvimento de habilidades sociais.

Diferenças entre classes sociais são também fatores de influência na aprendizagem. Dessa abordagem decorrem questões físicas e biológicas. Uma criança que foi malnutrida no período de gestação pode ter baixo desempenho intelectual. Em crianças pobres, há mais enfermidades crônicas e infecciosas, histórico de nascimentos com peso abaixo do indicado e de nascimentos prematuros, ocorrências que impactam negativamente a inteligência do sujeito. Em geral, crianças cujos pais são de uma classe social baixa carecem de um ambiente familiar que instigue seu desenvolvimento (muitos pais não são alfabetizados e, portanto, não são leitores letrados; quando são alfabetizados, nem sempre são leitores e, em consequência, não leem para os filhos). Em contrapartida, pais pertencentes a classes sociais mais abastadas geralmente são mais rigorosos em relação à educação dos filhos e proporcionam experiências enriquecedoras a eles, de modo a aguçar sua curiosidade.

Questões geográficas, físicas, também influenciam a aprendizagem: uma criança que nasceu na zona rural pode ter desempenho mais baixo do que uma criança do espaço urbano (aqui percebemos questões de ordem tanto física quanto social).

Outro fator que influencia fortemente a aprendizagem diz respeito à **motivação**, um estímulo externo ao sujeito, mas que se relaciona com questões internas. A motivação consiste em estímulos oferecidos ao sujeito que influenciam positivamente o seu comportamento e a sua atitude diante de uma situação, promovendo interesse sobre alguma coisa. São fatores que atuam sobre alguém, em razão de sua necessidade. Pensemos neste questionamento: O que nos motiva? O que nos motiva é algo que seja significativo para nós, que cause admiração, emoção, interesse, e que tenha efeito prático. Isso implica dizer que os fatores motivacionais afetam a retenção de informação e, por essa razão, os professores precisam considerar essa questão.

Em resumo, o contexto biológico, social e físico da criança influencia negativa ou positivamente o seu desenvolvimento social e, consequentemente, está relacionado ao desenvolvimento pleno de suas capacidades.

Glossário

Comportamentos sociais – Conhecimentos não técnicos ou de aplicação prática que o sujeito adquire ao longo de sua vida em suas relações sociais cotidianas e também em ambiente corporativo, ou seja, no processo de socialização.

Educação corporativa – Oriunda de programas de treinamento e desenvolvimento, desenvolvidos no início do século XX, em cuja concepção imaginava-se existir uma única maneira de realizar uma tarefa. Essa técnica estava relacionada ao ensino de manuseio de máquinas e equipamentos.

Educação formal – Caracterizada por objetivos claros e específicos desenvolvidos por escolas e instituições de ensino superior. Essa modalidade de educação tem sua organização baseada em diretrizes educacionais estatais ou privadas em relação ao currículo e conta com órgãos fiscalizadores do Ministério da Educação.

Educação informal – Refere-se às experiências adquiridas por uma pessoa ao ler um livro, ao assistir a um telejornal, a uma peça de teatro, a uma telenovela, a um filme no cinema ou na televisão, ou em uma conversa entre amigos.

Educação não formal – Toda atividade com fins educacionais que seja organizada, sistematizada e executada fora do ambiente formal de educação, e que vise oferecer formação específica a subgrupos da população.

Fatores biológicos – São aspectos que influenciam o desenvolvimento da atividade psíquica do sujeito.

Fatores sociais – Questões externas ao sujeito, relacionadas ao ambiente em que vive, e que influenciam a aprendizagem, contribuindo de forma decisiva para esse processo.

Motivação – São estímulos oferecidos ao sujeito que influenciam positivamente o seu comportamento e a sua atitude diante de uma situação, promovendo interesse sobre alguma coisa.

Primeira cultura – Aquela adquirida no meio social em que a criança circula, pela formação não metódica e não sistemática.

Universidade corporativa – Refere-se aos espaços internos empresariais, direcionados para a educação de seu corpo de funcionários, com vistas a aprimorar seu modelo de negócio e transmitir conhecimentos específicos.

Referências bibliográficas

AUSUBEL, D. P.; NOVAK, J. D.; HANESIAN, H. *Psicologia educacional.* Rio de Janeiro: Interamerica, 1980.

BANDEIRA, M. et al. Comportamentos problemáticos em estudantes do ensino fundamental: características da ocorrência e relação com habilidades sociais e dificuldades de aprendizagem. *Estudos de Psicologia*, v. 11, n. 2, p. 199-208, 2006.

BARALDI, D. M.; SILVARES, E. F. M. Treino de habilidades sociais em grupo com crianças agressivas, associado à orientação dos pais: análise empírica de uma proposta de atendimento. In: DEL PRETTE, A. A.; DEL PRETTE, Z. A. P. (Org.). *Habilidades sociais, desenvolvimento e aprendizagem*: questões conceituais, avaliação e intervenção. Campinas: Alínea, 2003.

BARRETO, J. C.; BARRETO, V. A formação dos alfabetizadores. In: GADOTTI, M. *Educação de jovens e adultos: teoria, prática e proposta.* São Paulo: Cortez, 2001.

BENEVIDES, M. V. M. Educação para a democracia. *Lua Nova: Revista de Cultura e Política*, São Paulo, n. 38, dez. 1996.

BOAS, F. *Antropologia cultural.* Rio de Janeiro: Zahar, 2004.

BOBBIO, N. *O futuro da democracia.* São Paulo: Paz e Terra, 1986.

BOURDIEU, P. A juventude é apenas uma palavra. *Questões de sociologia*, 1983.

BRASIL. Ministério da Educação. Secretaria de Educação Fundamental. *Lei de diretrizes e bases da educação nacional.* Brasília: SEF, 1996.

BRASIL. Secretaria de Educação Fundamental. *Parâmetros curriculares nacionais*: introdução aos parâmetros curriculares nacionais. Brasília: MEC/SEF, 1997.

BRASIL. *Código civil.* 53. ed. São Paulo: Saraiva, 2002.

BRASIL. Secretaria de Comunicação Social da Presidência da República. *Televisão ainda é o meio de comunicação predominante entre os brasileiros.* Disponível em: <http://www.brasil.gov.br/governo/2014/12/televisao-ainda-e-o-meio-de-comunicacao-predominante-entre-os-brasileiros> 2014. Acesso em: 16 mar. 2015.

BRASIL. Ministério das Comunicações. *IBGE: metade dos brasileiros teve acesso à internet em 2013.* Disponível em: <http://www.brasil.gov.br/infraestrutura/2014/09/ibge-metade-dos-brasileiros-teve-acesso-a-internet-em-2013> 2014. Acesso em: 16 mar. 2015.

CAMARANO, A. A. (Org.) *Transição para a vida adulta ou vida adulta em transição?* Rio de Janeiro: Ipea, 2006. p. 259-289.

CAMPOS, R. F.; SHIROMA, E. O. O resgate da escola nova pelas reformas educacionais contemporâneas. *Revista Brasileira de Estudos Pedagógicos*, v. 80, n. 196, 1999.

Referências bibliográficas

CAÑELLAS, A. J. C. *Antropologia y educación*. Disponível em: <https://noehernandezcortez.files.wordpress.com/2014/06/antropologc3ada-y-educacic3b3n.pdf>. 2007. Acesso em: 28 fev. 2015.

COSTA, A. C. G. *O professor como educador*: um resgate necessário e urgente. Salvador: Fundação Luís Eduardo Magalhães, 2001.

CRUZ, R. C. Universidade corporativa: uma reflexão sobre conceitos e o termo universidade. In: GUEVARA, A. J. H; ROSINI, A. M. (Orgs.) *Tecnologias emergentes*: organizações e educação. São Paulo: Cengage, 2008.

DEL PRETTE, Z. A. P.; DEL PRETTE, A. A. (Orgs.) *Habilidades sociais, desenvolvimento e aprendizagem*: questões conceituais, avaliação e intervenção. Campinas: Alínea, 2003.

DELORS, J. *Educação*: um tesouro a descobrir. São Paulo: Cortez, 1998.

DEWEY, J. *Experiência e educação*. Trad. Anísio Teixeira. 2. ed. São Paulo: Companhia Editora Nacional, 1976.

DURKHEIM, E. *Educación y sociología*. Barcelona: Península, 1975.

_____. *As regras do método sociológico*. São Paulo: Companhia Editora Nacional, 1987.

_____. *As formas elementares de vida religiosa*. São Paulo: Paulus, 1989.

_____. *Durkheim*: sociologia. Coleção Grandes Cientistas Sociais, 1991.

_____. *Da divisão do trabalho social*. São Paulo: Martins Fontes,1995.

FERREIRA, M. C. T.; MARTURANO, E. M. Ambiente familiar e os problemas de comportamento apresentados por crianças com baixo desempenho escolar. *Psicologia: Reflexão e Crítica*, v. 15, n. 1, p. 35-44, 2002.

FLEURY, M. T. L.; FLEURY, A. Construindo o conceito de competência. *RAC*, Edição especial, 2001.

FREIRE, P. *Pedagogia do oprimido*. Rio de Janeiro: Paz e Terra, 1983.

_____. *Pedagogia da autonomia*: saberes necessários à prática educativa. São Paulo: Paz e Terra, 1997.

_____. *Educação como prática da liberdade*. Rio de Janeiro: Paz e Terra, 2000.

_____. *Pedagogia da autonomia*: saberes necessários à prática educativa. 43. ed. São Paulo: Paz e Terra, 2011.

FRIGOTTO, G. *Educação e a crise do capitalismo real*. São Paulo: Cortez, 2010.

GADOTTI, M. Perspectivas atuais da educação. *São Paulo em Perspectiva*, v. 14, n. 2, 2000.

GADOTTI, M. *Educação e comunicação*: o papel dos meios na formação do aluno e do professor em educação de jovens e adultos. Disponível em: <http://siteantigo.paulofreire.org/pub/Institu/SubInstitucional1203023491It003Ps002/Educ_e_comunic.pdf>. 2001. Acesso em: 16 mar. 2015.

_____. *A questão da educação formal/não formal*. Disponível em: <http://www.virtual.ufc.br/solar/aula_link/llpt/A_a_H/estrutura_politica_gestao_organizacional/aula_01/imagens/01/Educacao_Formal_Nao_Formal_2005.pdf>. 2005. Acesso em: 7 mar. 2015.

GUSMÃO. Antropologia e educação: origens de um diálogo. *Cad. CEDES*, Campinas, v. 18, n. 43, 1997.

JARDIM, R. *Psychanalyse e educação*: resumo commentado da doutrina de Freud e crítica da sua applicabilidade a educação. São Paulo: Melhoramentos, 1970.

JESUS, S. M.; TORRES, L. M. Educação e movimentos sociais: tensões e aprendizagens. In: FREITAS, A. G. B.; SOBRAL, M. N. *História e memória*: o curso de Pedagogia da Universidade Federal de Sergipe (1968-2008). São Cristóvão: Editora UFS, 2009.

LA BELLE, T. *Nonformal Education in Latin American and the Caribbean*: Stability, Reform or Revolution? New York: Praeger, 1986.

LAPLANE, A. Uma análise das condições para implementação de políticas de educação inclusiva no Brasil e na Inglaterra. *Educação e Sociedade*, Campinas, v. 27, n. 96 – Especial, p. 687-715. 2006.

LAPLANTINE, F. *Aprender antropología*. São Paulo: Brasiliense, 1988.

LARAIA, R. B. *Cultura*: um conceito antropológico. Rio de Janeiro: Zahar, 1986.

LÉVI-STRAUSS, C. *Antropologia estrutural*. Rio de Janeiro: Tempo Brasileiro, 1970.

LUZURIAGA, L. *História da educação e da pedagogia*. 13. ed. São Paulo: Nacional, 1981.

MAGALHÃES, M. C. C. (Org.) *A formação do professor como um profissional crítico*. Campinas: Mercado de Letras, 2004.

MAGGI, A.; PICCININI, C. A. Interação mãe-criança envolvendo crianças que apresentam problemas de comportamento. *Psicologia: Reflexão e Crítica*, v. 14, p. 259-265, 1998.

MARTURANO, E. M.; LOUREIRO, S. M. O desenvolvimento socioemocional e as queixas escolares. In: DEL PRETTE, A. A.; DEL PRETTE, Z. A. P. (Orgs.). *Habilidades sociais, desenvolvimento e aprendizagem*: questões conceituais, avaliação e intervenção. Campinas: Alínea, 2003.

MEISTER, J. C. *Educação corporativa*. São Paulo: Makron Books, 1999.

MIRABILE, R. J. Everything you wanted to know about competency modeling. *Training & Development*, Alexandria, v. 51, n. 8, p. 73-77, 1997.

MONTEIRO, A. R. *O direito à educação*. Lisboa: Livros Horizonte, 1998.

MONTESQUIEU, C. L. *O espírito das leis*: formas de governo, a federação, a divisão dos poderes. 5. ed. São Paulo: Saraiva, 2005.

MORIN, E. *Introducción al pensamiento complejo*. Espanha: Gedisa, 1995.

NAVARRO, M. E. A. Tendencias pedagógicas contemporáneas. La pedagogía tradicional y el enfoque histórico-cultural. Análisis comparativo. *Revista Cubana de Estomatología*, Ciudad de Habana, v. 42, n. 1, 2005.

OLIVEIRA, E. A. Modelos de risco na psicologia do desenvolvimento. *Psicologia: Teoria e Pesquisa*, v. 14, p. 19-26, 1998.

OLIVEIRA, P. S. *Introdução à sociologia*. São Paulo: Ática, 2004.

PETRUS, A. *Novos âmbitos em educação social* – Profissão: educador social. Porto Alegre: Artmed, 2003.

PINTO. L. C. Sobre educação não formal. *Cadernos d'inducar*. Disponível em: <http://www.inducar.pt/webpage/contents/pt/cad/sobreEducacaoNF.pdf>. 2005. Acesso em: 15 mar. 2015.

RODRIGUES, D. S.; SIERRA, V. M. Democracia, direitos humanos e cidadania: as "novas políticas de reconhecimento" e os impasses na judicialização da questão social. *Revista Espaço Acadêmico*, n. 116, janeiro, 2011.

ROGERS, C. *Liberdade para aprender*. 2. ed. Belo Horizonte: Inter Livros de Minas Gerais, 1973.

SAMPAIO, M. N. Educação de jovens e adultos: uma história de complexidade e tensões. *Práxis Educacional*, Vitória da Conquista, v. 5, n. 7, 2009.

SARTRE, J. P. *O existencialismo é um humanismo*. São Paulo: Abril, 1978. Coleção Os Pensadores, v. 45.

SILVA, A. P. *O embate entre a pedagogia tradicional e a educação nova: políticas e práticas educacionais na escola primária catarinense (1911-1945)*. In: IX ANPED SUL – Seminário de Pesquisa em Educação na Região Sul. Disponível em: <http://www.ucs.br/etc/conferencias/index.php/anpedsul/9anpedsul/paper/viewFile/1259/13>. 2011. Acesso em: 7 mar. 2015.

SKINNER, B. F. *Sobre o behaviorismo*. São Paulo: Editora Cultrix, 1974.

SPINDLER, G. D. (Ed.). *Education and Anthropology*. Stanford: Stanford University Press, 1955.

SPOSITO, M. P. Uma perspectiva não escolar no estudo sociológico da escola, São Paulo, *Revista USP*, n. 57, p. 210-226, março/maio, 2003.

STRELHOW, T. B. Breve história sobre educação de jovens e adultos no Brasil. *HISTEDBR on-line*, Campinas, n. 38, 2010.

TYLOR, E. B. *Cultura primitiva*: los origenes de la cultura. Barcelona: Ayuso, 1977.

UNESCO – United Nations Educational, Scientific and Cultural Organization. Refonte de l'éducation pour un développement durable – Reshaping education for sustainable development, *Dossiers Environnement et Dévelopment*. Paris: Unesco, 1992.

VARELA, H. A. F; MOTA, C. A. M. G. *Falar de modelos em educação*: procurando clarificar conceitos. Disponível em: <http://www.ipg.pt/11congresso-spce/spce_7Novembro.pdf>. 2011. Acesso em: 6 mar. 2015.

VIGOTSKY, L. S. *A formação social da mente*. 7. ed. São Paulo: Martins Fontes, 2007.

Impressão e Acabamento
Bartira
Gráfica
(011) 4393-2911